● 国家级重点学科会计学系列教材

U0955825

初级会计学

学习指导

（第三版）

chuji kuaijixue

xuexi zhidao

余海宗　主编

西南财经大学出版社

中国·成都

图书在版编目(CIP)数据

初级会计学学习指导/余海宗主编.—3 版.—成都:西南财经大学出版社,2019.1(2023.1 重印)
ISBN 978-7-5504-3481-3

Ⅰ.①初… Ⅱ.①余… Ⅲ.①会计学—高等学校—教学参考资料
Ⅳ.①F230

中国版本图书馆 CIP 数据核字(2018)第 103668 号

初级会计学学习指导(第三版)
余海宗 主编

责任编辑:向小英
封面设计:墨创文化 张姗姗
责任印制:朱曼丽

出版发行	西南财经大学出版社(四川省成都市光华村街 55 号)
网 址	http://cbs.swufe.edu.cn
电子邮件	bookcj@swufe.edu.cn
邮政编码	610074
电 话	028-87353785
照 排	四川胜翔数码印务设计有限公司
印 刷	郫县犀浦印刷厂
成品尺寸	185mm×260mm
印 张	12
字 数	257 千字
版 次	2019 年 1 月第 3 版
印 次	2023 年 1 月第 2 次印刷
印 数	2001— 3000 册
书 号	ISBN 978-7-5504-3481-3
定 价	28.80 元

第三版前言

为了适应会计学、财务管理学和审计学等专业本科教学及社会经济发展对高级财经管理人才的需要，我们编写了《初级会计学学习指导》（第三版）一书。本书是西南财经大学出版社出版的《初级会计学》（第四版）一书的配套教材，既可以作为高等财经院校会计教学的辅导教材，也可以作为企业财务管理人员学习会计学的参考用书。

本次修订，一方面是为了与第四版教材相适应；另一方面，增加了每一章内容导读图（以思维导图的方式将每一章的主要内容清晰地列示出来），既有利于读者从总体上把握每一章的主要内容，同时也有利于学生更好地学习和理解会计学的基本原理、方法技术，把握重点，攻克学习难点。再者结合会计实际，修改和增加了相应的最新案例和案例分析思路提示。案例的设计体现了综合性和前瞻性，使学生通过案例分析能够更好地掌握会计基本原理、基本方法和技能，能够更好地理解会计实务，提高分析问题和解决问题的能力。

除了第一版和第二版的作者余海宗教授、唐国琼教授、焦微教授和于晓谦副教授外，本次修订中，张超东、何雅洁和翟航等硕士研究生也做了大量工作，参与了部分习题和案例的写作以及图表的绘制。最后由主编余海宗教授负责全书的修改和定稿。由于编者能力有限，书中疏漏与缺陷总是难免的，我们恳请专家和读者批评指正，以便进一步修改和完善。

本次教材修订得到了“西南财经大学2017年度中央高校教育教学改革专项”（2017JC08）的经费资助，也得到了西南财经大学出版社编辑的大力支持，在此一并表示感谢！

编　者

2018年12月

目　录

第一章
总论

第一部分　学习指导

一、学习目的和要求

本章主要阐述会计的基本理论，包括会计的产生与发展，会计对象、要素、职能、目标，会计核算的基本前提和会计信息质量要求，会计确认与计量。本章是全书的总论和基础。学习本章的基本要求是：

（1）了解会计的含义及其特点；

（2）了解会计目标与会计对象；

（3）掌握会计要素的定义及基本特点；

（4）掌握会计核算的基本前提和会计信息质量要求；

（5）熟悉会计确认的标准和计量属性。

二、本章主要内容导图（图 1 －1）

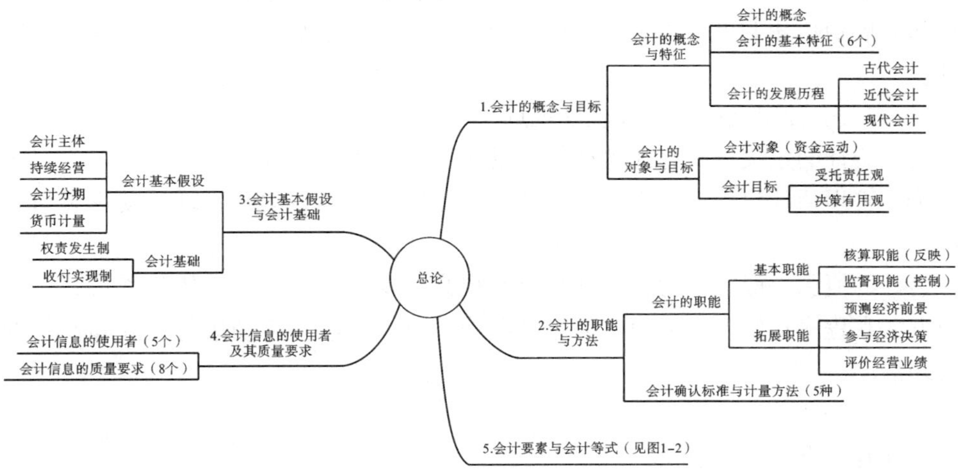

图 1 －1　总论思维导图

三、学习方法

（1）阅读教材。在了解会计及会计学的产生背景与发展脉络的基础上，明确会计的基本概念，基本理论和基本方法，从而让初学者对初级会计学课程有一个轮廓，树立起一个初步的印象。在看书时，可以仔细做笔记，把重点、难点、疑点加以归纳总结，从而让厚书变薄，并理解其精华所在。

（2）注意区分会计的六大要素，掌握其各自的特点，理清它们之间的关系。

（3）采取理论联系实际的方法理解会计核算的基本前提和会计信息的质量要求。

（4）掌握各种会计计量属性的含义，明白各自的优点和不足。

（5）参与讨论，多做练习题，增进理解，巩固记忆。学习中仅仅依靠记忆和自身理解是远远不够的，通过做一些典型练习题可以更好地掌握教材中的重点和难点内容，逐渐总结出该课程学习的重点和规律，发现自身学习中的薄弱环节，从而不断提高。

四、应掌握的主要内容

（一）基本概念

会计　会计对象　会计要素　资产　负债　所有者权益　收入　费用　利润　会计职能　会计目标　会计主体　持续经营　会计分期　货币计量　权责发生制　客观性　可比性　相关性　及时性　明晰性　谨慎性　重要性　实质重于形式　会计计量属性　历史成本　重置成本　可变现净值　现值　公允价值

（二）会计的基本概念

当社会生产力发展到一定阶段，会计才逐渐从生产职能中分离出来，形成一种专职的、独立的管理经济活动的工作。随着社会生产的不断发展，会计经历了不断完善和发展的历史过程，从简单的计量和记录活动发展成为具有丰富内涵的现代会计。

1. 有关会计定义的五种代表性观点

关于会计的定义，具有代表性的有以下五种观点：管理工具论、艺术论、应用技术论、管理活动论和信息系统论。其中，比较有影响力的是管理活动论和信息系统论。

会计的概念一般定义为：会计是旨在提高经济效益，主要运用货币形式，采用专门方法和程序提供以财务信息为主的经济信息，对经济活动进行核算和监督的一种管理活动。

2. 会计的特点

会计有以下六个特点：

（1）以货币作为主要计量单位；

（2）以凭证作为主要依据；

（3）以一系列专门方法作为手段；

（4）会计核算具有完整性、连续性和系统性；

（5）以价值管理为基本内容；

（6）以提高经济效益作为终极目标。

（三）会计对象和会计要素

会计对象是指会计所反映和监督的内容。由于各个单位的经济活动的性质和内容不同，会计的具体对象也不完全相同。从一般意义上讲，会计对象就是社会再生产过程中的资金运动。企业的经营资金按其运动的表现形态，又分为静态表现和动态表现。

会计对象的具体内容是六个会计要素：资产、负债、所有者权益、收入、费用和利润。这里必须掌握会计恒等式：资产 = 负债 + 所有者权益（这三者是静态要素，反映企业的财务状况）。另外，在不考虑调整因素的情况下，有会计等式：收入 - 费用 = 利润（这三者是动态要素，反映企业的经营成果）。

会计要素与会计等式的关系见图 1 - 2。

（四）会计的职能和目标

会计的职能是会计本身所固有的功能，一般认为，反映和监督是会计的两项基本职能。其中，反映是会计最基本的职能。会计的反映职能也可称为会计的核算职能。会计监督包括事前监督、事中监督和事后监督。

会计目标是指会计活动应达到的境界和标准。关于会计目标的确认有两大观点，即受托责任观和决策有用观。

会计信息的使用者主要包括投资者、债权人、政府及相关部门、企业管理人员、职工和社会公众。

（五）会计核算的基本前提和会计信息质量要求

会计核算的基本前提包括：会计主体、持续经营、会计分期、货币计量和权责发生制。在我国前四项一般称为会计假设，权责发生制在我国会计准则中称为会计基础。而国际会计准则中只讲了持续经营和权责发生制两项会计假设。

会计主体不同于法律主体。一般来说，法律主体往往是会计主体，而会计主体不一定都是法律主体。例如：独资企业、合伙企业不是法律主体，但他们属于会计主体。又比如编制合并报表时，是以母公司和子公司作为一个会计主体来编制合并报表。此时，母公司是一个法律主体，子公司也是一个法律主体，母子公司合在一起组成的集团是一个会计主体，但是不是法律主体并不重要。企业只核算企业主体本身的生产经营活动，而不核算企业的投资者或所有者的经济活动，也不核算其他企业或其他经营主体的经济活动。

货币计量还包括另一个重要前提，即币值稳定前提。在我国，会计核算通常用人民币作为记账本位币。业务收支以外币为主的企业，也可以选择某种外币作为记

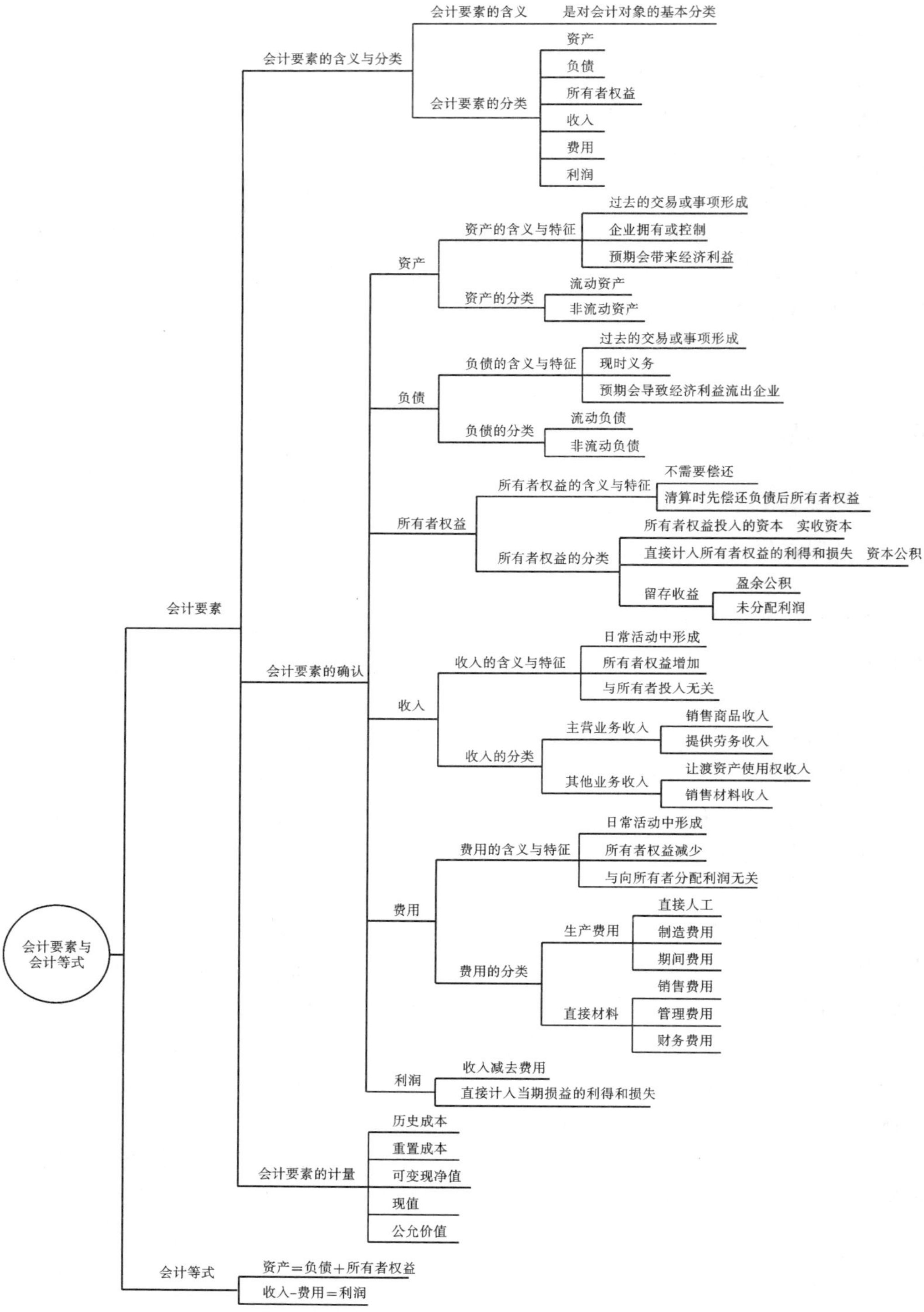

图 1－2　会计要素与会计等式思维导图

账本位币，但编制的财务报表应当折算为人民币来反映。

权责发生制要求凡是当期已经实现的收入和已经发生或应当承担的费用，不论款项是否已经收付，都应作为当期的收入和费用处理；凡是不属于当期的收入和费用，即使款项已经在当期收付，都不应作为当期的收入和费用。

评价会计信息质量的标准主要有客观性（可靠性）、可比性、相关性、及时性、明晰性（可理解性）、谨慎性、重要性和实质重于形式。

（六）会计确认和计量

会计确认除了要满足会计要素的定义以外，还应当满足以下两项基本确认条件：①与该项目有关的经济利益很可能流入或流出企业；②与该项目有关的经济利益能够可靠地计量。

会计计量属性是指用货币对会计要素进行计量时采用的标准。我国规定的计量属性包括：历史成本、重置成本、可变现净值、现值和公允价值。在学习过程中应当思考各自的优点和不足。

第二部分　练习题、自测题及参考答案

练习题

一、单项选择题

1．下列哪项的出现标志着近代会计的开始？（　　）

A．司会的出现　　B．簿记的出现

C．《簿记论》的问世　　D．《孟子正义》的问世

2．会计的对象是（　　）。

A．会计所反映和监督的内容　　B．各个企业或行政事业单位

C．使用会计信息的决策者　　D．企业的产品或服务

3．下列各项中，属于企业经营资金静态表现形式的是（　　）。

A．收入　　B．利润　　C．费用　　D．资产

4．下列各项中，不属于会计对象的具体内容的是（　　）。

A．资产　　B．费用　　C．凭证　　D．所有者权益

5．下列哪一项不属于企业的收入？（　　）

A．销售商品所得收入　　B．提供劳务所得收入

C．为第三方客户代收的款项　　D．让渡资产使用权所得收入

6．会计等式是反映会计要素之间（　　）的等式。

A．质量关系　　B．数量关系　　C．相互关系　　D．从属关系

7．下列业务中，不属于会计核算范围的事项是（　　）。

A．用银行存款购买材料　　B．生产产品领用材料

C. 企业自制材料入库　　D. 与外企签订购料合同

8. 下列各项中，属于会计的基本职能的是（　　）。

A. 分析　　B. 参与决策　　C. 监督　　D. 预算

9. 下列项目中，属于利得的是（　　）。

A. 销售商品流入的经济利益　　B. 技术服务流入的经济利益

C. 贷款流入的经济利益　　D. 收到捐赠流入的经济利益

10. 企业不得任意改变会计处理方法的规定体现的是（　　）要求。

A. 可比性　　B. 重要性　　C. 可理解性　　D. 可靠性

11. 企业收到某公司支付的款项 10 万元，其中 6 万元为已实现的销售，4 万元为预收账款，会计人员确认预收账款为 4 万元而不是 10 万元，这个确定具体金额的过程属于（　　）。

A. 会计确认　　B. 会计报告　　C. 会计记录　　D. 会计计量

二、多项选择题

1. 下列各项中，属于会计要素中收入的是（　　）。

A. 销售自制半成品　　B. 销售不需要使用的材料

C. 销售固定资产　　D. 销售无形资产

E. 销售自制产成品

2. 下列项目中属于资产要素特点的有（　　）。

A. 必须是企业拥有或控制的

B. 能给企业带来未来经济利益

C. 必须能以货币计量

D. 是企业承担的现时义务

E. 需要以企业的资产或劳务进行清偿

3. 会计使用的计量单位包括（　　）。

A. 货币计量单位　　B. 实物计量单位

C. 时间计量单位　　D. 劳务计量单位

E. 以上说法都正确

4. 会计等式是（　　）的基础。

A. 复式记账　　B. 会计核算

C. 试算平衡　　D. 编制财务报表

E. 以上说法都正确

5. 期间费用包括（　　）。

A. 商品销售成本　　B. 销售费用

C. 管理费用　　D. 财务费用

E. 以上说法都正确

6. 下列经济业务中引起资产、负债同增或同减变化的是（　　）。

A．以银行存款偿还应付账款
B．从银行借入短期借款存入存款户
C．从银行提取现金
D．以银行存款购置固定资产
E．以上说法都正确

7．下列业务中，不属于会计核算范围的事项有（　　）。
A．用银行存款购买材料　　B．编制财务计划
C．企业自制材料入库　　D．与外企签订购料合同
E．产品完工验收入库

三、判断题

1．所有的法人都是会计主体，所有的会计主体都是法人。（　　）

2．以权责发生制作为记账基础，当月收到的款项才作为当月的收入，当月没有收到的款项不能作为当月收入。（　　）

3．会计分期不同，对利润总额会产生影响。（　　）

4．我国所有企业的会计核算都必须以人民币作为记账本位币。（　　）

5．货币是唯一的会计计量单位。（　　）

6．所有经济业务的发生，都会引起会计恒等式两边发生变化，但不破坏会计恒等式。（　　）

7．从任何一个时点来看，企业的经营资金总是处于相对静止的状态中。（　　）

四、问答题

1．如何理解会计的定义？

2．会计的基本职能是什么？各项基本职能的关系如何？

3．负债与所有者权益有哪些区别和联系？

4．权责发生制的基本含义是什么？

五、业务题

练习一

1. 目的：理解会计等式“资产＝负债＋所有者权益”。

2. 要求：分析经济业务发生后对会计等式的影响。

3. 资料：假定某企业2018年10月30日的权益总额为100 000元，10月31日发生下列经济业务：

（1）从银行提取现金50 000元；

（2）投资者追加投资80 000元；

（3）以借款20 000元直接偿还前欠货款20 000元；

（4）以企业存款偿还银行短期借款40 000元。

要求：分析说明每一项经济业务属于哪一类型，对该企业的资产负债有何影响。

如果有影响，说明影响的方向和金额。

练习二

1. 目的：熟悉和掌握会计要素的分类和会计等式。

2. 资料：A公司成立于2018年1月1日。成立时收到国家以厂房、机器设备等投入的资金1 000万元，收到B公司以原料投入的资金500万元，收到C公司以现金投入的资金300万元。同时，从中国工商银行取得三年期借款200万元。经过一年的辛苦经营，到2018年12月31日，公司资产总额为3 000万元（假定负债数额不变）。

3. 要求：

（1）计算A公司成立日的流动资产数额、非流动资产数额及资产总额。

（2）计算A公司成立日的负债总额、所有者权益总额。

（3）计算A公司成立日的资金总额。

（4）计算A公司期末（12月31日）所有者权益总额。

（5）计算A公司本期实现的利润（假设未发生资本增减变动）。

六、案例分析

2018年年初，李明出资30万元成立了一家网络公司。公司对当时发生的有关业务进行了相应的会计处理。具体包括以下内容：

（1）因公司业务不多，会计人员定期在各期末结账，并编制资产负债表和利润表。

（2）公司租入办公用房，合同规定年初支付当年全部租金5万元。考虑到租金金额较大，故在支付款项时增加固定资产5万元。

（3）购入10台电脑，支付全部价款100 000元，在付款时增加了当期管理费用。

（4）将李明为其家庭购置电器的5 000元计入管理费用。

（5）公司为客户提供服务，根据协议应收取价款8 000元，因对方暂时不能支付（已约定10天内付款），所以会计未做任何处理。

试问公司的会计处理正确吗？说明理由。

自测题

一、单项选择题

1. 会计要素中的收入、费用和利润是企业经营成果的（　　）。

A. 动态反映　　B. 直接反映

C. 静态反映　　D. 一般反映

2. 下列项目中，能同时影响资产和负债发生变化的是（　　）。

A. 支付现金股利　　B. 收回应收账款

C. 支付股票股利　　D. 接受投资者投入设备

3. 会计的基本职能是（　　）。

A. 反映和管理　　B. 控制和监督
C. 反映和监督　　D. 反映和分析

4. 会计信息要有用，就必须满足一定的质量要求。比如，企业应当以实际发生的交易或事项为依据进行确认、计量和报告，体现的会计信息质量要求是（　　）。

A. 可比性　　B. 重要性
C. 公允价值　　D. 客观性

5. 下列说法不正确的是（　　）。

A. 法律主体必然是会计主体
B. 基金管理公司管理的证券投资基金，也可以成为会计主体
C. 对于拥有子公司的母公司来说，集团企业应作为一个会计主体来编制财务报表
D. 会计主体一定是法律主体

6. 企业用银行存款支付前欠货款会引起（　　）。

A. 资产和所有者权益同时减少　　B. 资产减少和负债增加
C. 资产和负债同时减少　　D. 资产和负债同时增加

7. 下列项目中，不属于会计信息质量要求的是（　　）。

A. 明晰性　　B. 可比性
C. 配比　　D. 相关性

8. 2018 年 9 月 15 日采用赊销方式销售产品 9 000 元，12 月 25 日收到货款存入银行。按权责发生制核算时，该项收入应属于（　　）的收入。

A. 2018 年 9 月　　B. 2018 年 10 月
C. 2018 年 11 月　　D. 2018 年 12 月

9. 将企业资产和负债区分为流动和非流动的前提是（　　）。

A. 会计主体　　B. 持续经营
C. 会计分期　　D. 货币计量

10. 下列各项中，不符合资产会计要素定义的是（　　）。

A. 产成品　　B. 委托加工物资
C. 待处理财产损失　　D. 尚待加工的半成品

二、多项选择题

1. 反映企业经营成果的会计要素有（　　）。

A. 资产　　B. 收入
C. 费用　　D. 利润
E. 所有者权益

2. 从银行提取现金 500 元，将使得（　　）。

A. 资产中的现金增加 500 元
B. 资产中的银行存款增加 500 元

C. 资产中的现金减少 500 元
D. 资产中的银行存款减少 500 元
E. 以上说法都正确

3. 收入可以表现为（　　）。
A. 企业资产增加　　B. 企业负债减少
C. 企业费用的增加　　D. 企业资产减少
E. 企业费用的减少

4. 下列资产属于流动资产的是（　　）。
A. 库存现金　　B. 原材料
C. 商标权　　D. 应收账款
E. 生产设备

5. 下列关于会计要素之间关系的说法正确的有（　　）。
A. 费用的发生，会引起资产的减少，或引起负债的增加
B. 收入的取得，会引起资产的减少，或引起负债的增加
C. 收入的取得，会引起资产的增加，或引起负债的减少
D. 所有者权益的增加，可能引起资产的增加，或引起费用的增加
E. 以上说法都正确

6. 会计信息的使用者主要包括（　　）。
A. 债权人　　B. 企业职工
C. 社会公众　　D. 政府机构
E. 投资者

7. 下列各项中，属于收入的基本特征的是（　　）。
A. 从企业的日常活动中产生的，而不是从偶发的交易或事项中产生的
B. 能导致企业所有者权益的增加
C. 是企业在日常活动中发生的经济利益的流出
D. 只包括本企业经济利益的流入
E. 是企业拥有或者控制的资源

三、判断题

1. 历史成本计量是持续经营假设、币值不变假设和客观性、可比性的共同要求。（　　）
2. 会计应当核算企业的投资者或所有者的经济活动。（　　）
3. 谨慎性是指在会计核算中应尽量低估企业的资产和可能发生的损失、费用。（　　）
4. 利润是企业在日常活动中取得的经营成果，不应包括企业在偶发事件中产生的利得和损失。（　　）
5. 相关性要求企业采用一致的会计政策，不得变更。（　　）

6. 在负债金额既定的情况下，企业本期净资产的增加额就是企业当期实现的利润数量，净资产的减少额就是企业本期亏损额。（　　）

7. 负债在多数情况下要用现金进行偿还，有些情况下也可以用商品或其他资产或者通过提供劳务的方式进行偿还。（　　）

四、问答题

1. 什么是会计对象？会计对象的具体内容是什么？

2. 会计作为一个经济信息系统，有哪些主要特点？

3. 什么是公允价值？

4. 会计确认的标准是什么？

练习题参考答案

一、单项选择题

1. C　2. A　3. D　4. C　5. C　6. B　7. D　8. C　9. D　10. A

11. D（会计计量解决的是定量问题，即在会计确认的基础上确定具体金额）

二、多项选择题

1. ABE　2. ABCD　3. ABD　4. ABD　5. BCD　6. AB　7. BD

三、判断题

1. ×　2. ×　3. ×　4. ×　5. ×　6. ×　7. √

四、问答题（略）

五、业务题

练习一

（1）从银行提取50 000元，只涉及资产项目，属于资产项目一增一减，总额不变，会计等式保持平衡，总金额为100 000元。

（2）投资者追加投资80 000元，涉及资产和所有者权益，两者均增加80 000元，会计等式保持平衡，总金额为180 000元。

（3）以借款20 000元直接偿还前欠货款20 000元，涉及负债项目一增一减，总额不变，会计等式保持平衡，总金额为180 000元。

（4）以企业存款偿还银行短期借款40 000元，涉及资产和负债项目，两者均减少40 000元，资产和权益总额减少，会计等式保持平衡，总金额为140 000元。

练习二

（1）A公司成立日的流动资产数额为1 000万元，非流动资产数额为1 000万元，资产总额为2 000万元。

（2）A公司成立日的负债总额为200万元，所有者权益总额为1 800万元。

（3）A公司成立日的资金总额为2 000万元。

（4）A公司期末所有者权益总额为2 800万元（3 000 - 200）。

（5）A公司本期实现的利润为1 000万元（3 000 - 1 800 - 200）。

六、案例分析

（1）不符合会计分期的假设，该公司应月末结账。

（2）租金不符合资产的特征，不应纳入固定资产核算，应计入当期费用。

（3）电脑符合资产的特征，且其为固定资产，不应计入费用。

（4）购置电器的经济活动不属于该公司的会计核算的内容，会计核算应区分会计主体（网络公司）和主体所有者（李明）的活动。

（5）不符合权责发生制的要求。

自测题参考答案

一、单项选择题

1. A　2. A　3. C　4. D　5. D　6. C　7. C　8. A　9. C　10. C

二、多项选择题

1. BCD　2. AD　3. AB　4. ABD　5. AC　6. ABCDE　7. ABD

三、判断题

1. √　2. ×　3. ×　4. ×　5. ×　6. ×　7. √

四、问答题（略）

第二章
会计方法

第一部分 学习指导

一、学习目的和要求

本章阐述了会计方法体系的基本内容、设置账户和复式记账的理论和方法，以及在会计循环中如何运用这两种方法进行账务处理。首先介绍了会计科目与会计账户的设置，并在此基础上，重点介绍了借贷复式记账法的理论依据、记账符号、账户的结构、记账规则和试算平衡五个方面基本内容。然后以工业企业为例，对如何运用设置账户和借贷复式记账法来处理会计工作程序和步骤，作了总括的介绍。学习本章的基本要求是：

（1）了解会计方法体系的构成；

（2）熟悉和掌握会计账户的基本结构、账户的级别及其使用方法；

（3）掌握借贷记账法的基本原理，学会运用其基本原理记录企业的经济业务；

（4）了解会计核算工作的基本程序，初步掌握会计循环的基本步骤和程序，形成会计循环的概念。

二、本章主要导图（图 2－1、图 2－2）

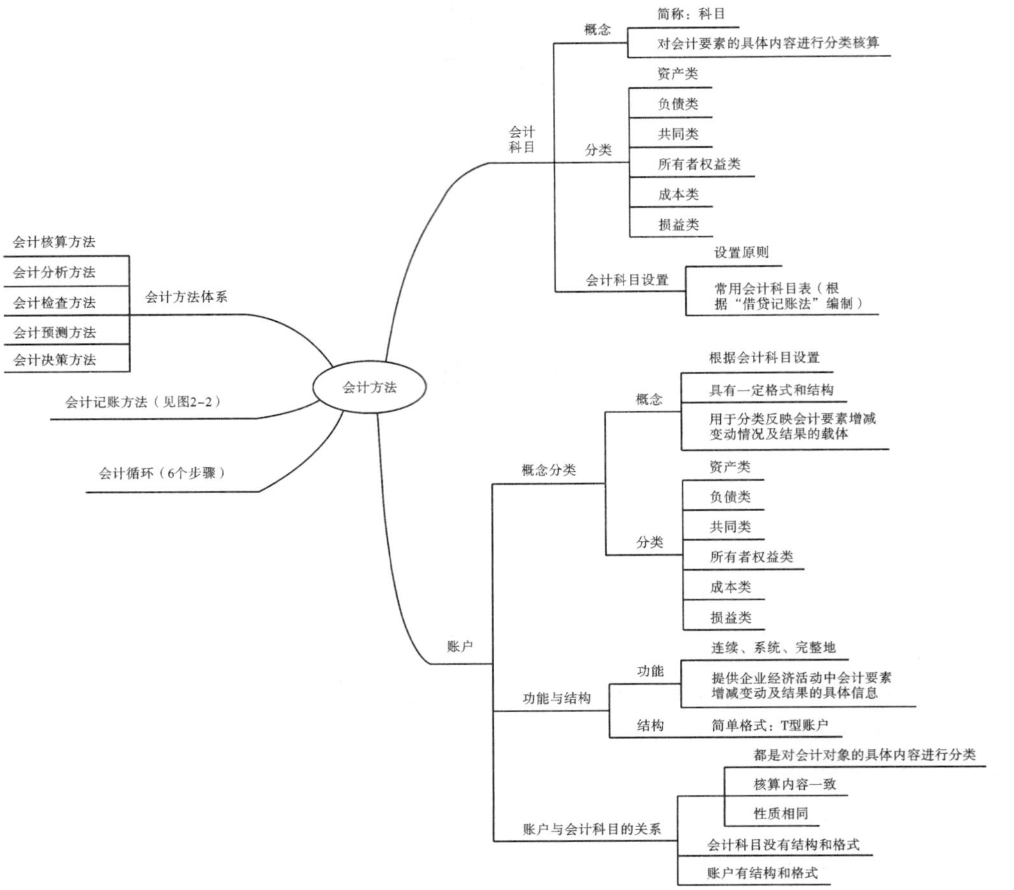

图 2－1　会计方法思维导图

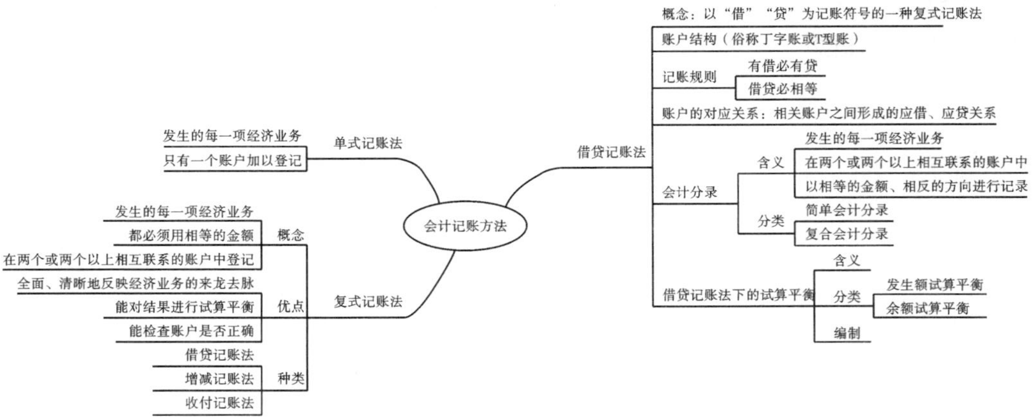

图 2－2　会计记账方法思维导图

三、学习方法

账户和复式记账是会计核算特有的方法，也是初级会计学的核心内容。在本章学习中应注意把握以下几个环节：

（1）建立会计方法核算体系的基本框架。会计方法是用来反映与控制会计对象、完成会计任务的手段。从基本方法来看，包括会计核算、会计分析、会计检查、会计预测和会计决策等方法。各种会计方法相互联系、相互制约形成一个整体。由于在初级会计学中，我们只介绍会计核算的方法，其他方法将在相关课程中予以介绍，因此同学们在本章的学习中，应当建立会计核算方法体系的基本框架，为以后各章学习打下基础。

（2）注意掌握“会计科目与账户”的基本理论问题。“会计科目与账户”既是第一章会计对象基本理论的形象化、具体化，又是为学习复式记账法做好准备，因此在学习中，应注意掌握会计账户的分类、基本结构、账户的级别及其使用方法。

（3）紧紧抓住借贷复式记账法这条主线，全面深入地掌握本章内容。借贷记账法既是本章的重点，又是本章的难点。在本章的学习中，一方面要搞清借贷复式记账法的基本理论问题；另一方面要结合本章的练习，学会运用借贷复式记账法的基本原理处理企业的基本经济业务。

（4）了解会计循环的一般程序、步骤。本章采用粗线条的方式，以制造业为例，描述了会计循环的一般程序、步骤，在以后的章节中，将对这一问题作详细的介绍。学习本章后，对企业整个账务处理过程，即从经济业务的发生到会计报表的编制过程，每个步骤应该做些什么，应建立一个基本的框架，在后续章节的学习中，再加深了解。

四、应掌握的主要内容

（一）基本概念

会计方法　会计核算方法　会计科目　会计账户　会计账户的结构　会计账户的本期发生额和期末余额　总分类账户　明细分类账户　二级账户　单式记账法　复式记账法　借贷记账法　记账规则　会计分录　简单会计分录　复合会计分录　账户的对应关系　对应账户　会计循环　会计分录簿　过账　平行登记　试算平衡　总分类账户本期发生额及余额对照表　明细分类账户发生额明细表　实账户 虚账户　账户的结清和结算

（二）会计方法体系和会计核算方法体系

会计方法是用来反映与控制会计对象、完成会计任务的手段。它包括会计核算、会计分析、会计检查、会计预测和会计决策等方法。会计核算方法是会计方法体系中的基本方法，也是其他各项会计方法的基础，它体现了会计学科和其他学科的本质区别，会计分析是会计核算的继续和发展，会计检查是会计核算和会计分析必不可少的补充，会计预测和会计决策则是企业决策的重要组成部分。各种方法的适用范围有所不同，但共同构成了对经济过程进行管理的手段。

会计核算方法体系是对企业价值运动所产生的数据进行连续、系统的加工处理，提供综合、全面的会计信息的各种会计核算方法所构成的整体。会计核算方法包括填制和审核会计凭证、设置和运用账户、复式记账、登记账簿、成本核算、清查和编制报表等专门方法组成。这些方法，既有它的独立性，又与其他方法之间存在着密切联系，它们之间的有机结合，形成了一个严密完整、科学适用的会计核算方法体系。

（三）会计科目与会计账户

1. 会计科目与会计要素项目的关系

会计科目是对会计要素所包括的项目按经济内容所做的归类。它是设置账户的直接依据。分类是管理的一项基础工作，会计要素是由许多复杂的内容所构成的，在企业经营活动的过程中，就会表现出内容纷繁复杂、性质各不相同的各类经济业务活动，表现为会计要素的具体增减变动。因此，仅以六个会计要素作为会计信息的归类标准，不免过于笼统，难以满足用户对会计信息的需求。为了对各类经济业务所引起的会计要素的增减变动进行分门别类的核算，提供决策有用的财务信息，以满足会计用户的需要，不仅需要按会计要素分别反映其增减变动，而且需要根据会计要素的内容和特点，对每一会计要素作进一步详细分类，并且为每一类性质相同的会计要素内容规定一个恰当的名称。通过设置会计科目，对会计要素的具体内容进一步分类，就解决了会计信息如何归类这一基本问题。

2. 会计账户的设置及其与会计科目的关系

会计科目的设置将会计要素所反映的经济内容进行了归类。但是，如何将经济业务所引起的会计要素的各个具体类别的变化连续不断地记录下来，并集中反映它们在一定时期内的变动情况及其结果，这就必须借助会计账户。

会计账户是依据会计科目设置，对会计要素的具体类别，分类进行核算和监督，提供动态和静态指标的分析工具。会计账户就如同一个信息存储系统，把需要输入的会计信息经过分析，然后分门别类地记入不同的账户，并加工整理，形成系统化的资料，以满足会计用户的不同要求。

会计科目是设置会计账户的依据，它对会计账户核算的内容，从理论上进行了规范，因此各个企业应按会计准则规定的会计科目设置账户。原则上，有一个会计科目就设置一个账户，并按会计科目规定的内容进行核算，以便提供口径一致的会计信息。

会计科目和会计账户是两个既有区别，又有联系的不同概念。它们之间的联系在于：名称和反映的经济内容相同。会计科目是账户的名称，账户是根据会计科目设置的。它们反映的经济内容都是会计要素的具体内容。它们之间的区别在于：会计科目是对会计要素按经济内容进行分类的标志，没有具体的格式，只是说明各经济业务的内容。会计账户既有名称又有专门的格式，可以具体记录经济业务，反映会计要素各具体项目的增减变动情况及其结果。设置和运用账户是会计核算的一个专门方法。在会计实务中会计科目和会计账户未严格区分，往往互相通用。

3. 会计账户的基本结构、使用及其级别

会计账户的基本结构是由会计要素的数量变化决定的。它包括账户的名称及借方贷方两个部位。各类账户由于性质不同，借方贷方所登记的内容和期末余额的方向也不同。资产类账户借方登记增加金额，贷方登记减少金额，余额在借方；负债和所有者权益贷方登记增加额，借方登记减少额，期末余额在贷方。

在使用会计账户时，有两个需要注意的会计术语：一是本期发生额；二是结余额。“本期发生额”是指账户的借方（或贷方）在一定时期所登记的金额合计，简称“发生额”。发生额按其性质分为借方发生额和贷方发生额，它们揭示了各个类别变动的过程，提供了一定时期会计要素的增、减变动的动态指标。“结余额”是指账户借方与贷方总计的差额，简称“余额”。账户结余额所提供的是某一时点会计要素增减变动的结果，即各类别的静态指标。

会计账户按其提供信息内容的详略程度，可以分为“总分类”账户和“明细分类”账户等不同级别，以满足企业管理的不同需求。

（四）借贷记账法

借贷记账法是本章的重点和难点，在学习中，应注意全面深入地理解借贷记账法的基本内容并能运用借贷记账法的基本原理处理企业的经济业务。借贷记账法是以会计等式为依据，以“借”“贷”为记账符号，采用“有借必有贷、借贷必相等”的记账规则，在两个或两个以上的账户中用相同的金额，全面地、相互联系地记录经济业务的一种方法。其基本内容包括以下几点：

1. 理论依据

借贷记账法以“资产 = 负债 + 所有者权益”这一会计等式作为其建立方法的理论基础，根据会计等式的要求判断经济业务怎样记账，从而根据会计等式来检验记账结果是否正确。

2. 记账符号

借贷记账法以“借”“贷”二字作为记账符号。“借”“贷”二字最初用于会计是可以从字面上加以解释，后来随着记账范围的扩大，逐渐失去了原来的含义，转化为纯粹的记账符号。

3. 账户的分类和结构

在借贷记账法下，有资产、负债、所有者权益、收入、费用和利润六大类账户。

（1）资产、负债和所有者权益类账户的结构

资产类账户，借方登记增加，贷方登记减少，余额在借方。

负债和所有者权益类账户，借方登记减少，贷方登记增加，余额在贷方。

（2）收入、费用和利润类账户的结构

收入类账户，借方记减少或转销，贷方记增加，期末结转后没有余额。

费用类账户，借方记增加，贷方记减少或转销，期末结转后没有余额。

利润类账户，借方记减少，贷方记增加，余额一般在贷方。

注：在实际工作中，除了上述六类账户外，还可以根据需要设置一些“共同类”账户，比如教材 P34 表 2－1 中提到的“清算资金往来”账户，它同时具有资产和负债的性质，也称双重性质账户。

4. 记账规则

在借贷记账法下，对每笔经济业务的处理都必须以相等的金额，在两个或两个以上的账户中进行记录，即在一个账户中记入借方，同时必须在另一个账户中记入贷方，双方金额相等。“有借必有贷，借贷必相等”是借贷记账法的记账规则。

5. 试算平衡

按照借贷记账法的记账规则进行账务处理，在各账户中的发生额和余额记录必然出现以下两组平衡公式：

（1）发生额平衡公式

$\sum$账户借方发生额 = $\sum$账户贷方发生额

（2）余额平衡公式

$\sum$账户借方余额 = $\sum$账户贷方余额

（五）会计循环的基本程序、步骤

在一个会计期间依次继起的会计工作程序和步骤称为会计循环，会计循环一般包括以下几个步骤：

1. 分析经济业务，编制会计分录

会计人员对企业日常经营活动发生的经济业务，一般可按以下几个步骤进行会计分录的编制：

（1）分析经济业务内容，确定哪些会计要素发生了变化；

（2）根据已变化的会计要素，确定应使用的账户名称；

（3）根据账户经济内容的变化，确定记账符号；

（4）按照一笔业务一个分录、借上贷下各写一行、借靠边线、贷退二字、金额相等、彼此错开的书写要求，写出会计分录；

（5）按照记账规则检查借贷双方账户及金额是否正确。

2. 根据会计分录，登记会计账簿

将会计分录转录到分类账户中去的过程为过账。当一笔经济业务既涉及总账，又涉及所属的明细账时，则应按平行登记的要求，分别登记总账和所属的明细账。平行登记的要点如下：

（1）总账和其所属明细账登记的依据相同。

（2）记账方向相同。在同一会计分录中，过入总账的方向与所属明细账的方向必须一致，即总账过入借方，其所属的明细账也必须过入借方；总账过入贷方，其所属的明细账也必须过入贷方。

（3）金额相同。同一会计分录过入总账的金额与过入明细账的金额应当相等。如果同时涉及几个明细账，则记入总账的金额与记入所属的几个明细账的金额之和应该相等。

因此，按照平行登记的要求记录的结果，总账和其所属明细账之间必然出现可以相互核对的对应相等关系。其公式表示如下：

总分类账户期初（期末）余额 = 所属明细分类账期初（期末）余额之和

总分类账户本期借（贷）方发生额 = 所属明细分类账户本期借（贷）方发生额之和

3. 试算平衡

试算平衡是根据复式记账的基本原理和总账与明细账的相互关系，检查账户记录是否有误的一项验算工作。因此，根据会计分录在相关账户中进行记录后，为了检查账户记录是否正确，就应进行试算平衡。

试算平衡工作可以通过编制试算平衡表来完成。试算平衡表有两种：一种是检查总分类账户是否正确的试算表。它是根据总分类账户的发生额和余额编制的，又称总分类账户本期发生额及余额对照表，简称对照表；另一种是检查明细分类账户是否正确的试算表，又称明细分类账户发生额明细表，简称明细表。

4. 期末账项调整和结转

依据会计分期核算前提和权责发生制核算基础，在会计期末，企业应在收入、费用日常记录的基础上，对应属本期的收入、费用进行调整，并结转至“本年利润”账户，以便正确计算不同会计期间的经营成果。

5. 结算资产、负债、所有者权益类账户和结清收入、费用账户

一个期间的会计循环结束，应结算资产、负债和所有者权益类账户，结清损益类账户。

资产、负债和所有者权益类账户是期末有余额账户，所以又称为实账户。会计期末，应划线结算出各类账户的本期发生额和期末余额，并将期末余额转入下一个会计期间，作为下一个会计期间的期初余额。只有这样才能体现会计核算的连续性。

收入、费用类账户（即损益类账户），又称为过渡性账户或虚账户，它们是为了计算特定会计期间的损益而设置的，期末应结清这类账户。所谓“结清”，是指编制结转分录并过账以后，使其账户的余额为零。结清损益类账户的具体方法，是将收入类账户的贷方记录，从借方转入“本年利润”账户的贷方；将费用账户的借方记录，从贷方转入“本年利润”账户的借方，结转后损益账户没有余额。

6. 编制会计报表

以上几个步骤完成，表明与本期有关的会计事项已全部登记入账。根据有关账户的本期发生额、期末余额等资料，就可以编制会计报表。

期末应编制的会计报表有利润表、资产负债表、现金流量表和所有者权益变动表。

第二部分　练习题、自测题及参考答案

练习题

一、单项选择题

1. 2018 年 12 月 31 日，某企业资产总额为 2 500 000 元，欠债权人 1 800 000 元，净资产总额为（　　）。

A. 4 300 000 元　　B. 2 500 000 元

C. 1 800 000 元　　D. 700 000 元

2. 下列引起所有者权益项目有增有减的经济业务是（　　）。

A. 以短期借款直接偿还应付账款

B. 以银行存款支付投资者的利润

C. 接受捐赠的固定资产

D. 经批准将盈余公积转增资本

3. “资产 = 负债 + 所有者权益”的会计等式是（　　）。

A. 设置账户、复式记账、财产清查的依据

B. 设置账户、复式记账、编制损益表的依据

C. 设置账户、复式记账、编制资产负债表的依据

D. 账户的平行登记、复式记账、编制资产负债表的依据

4. 采用借贷记账法，哪方记增加，哪方记减少，是根据（　　）。

A. 借方记增加，贷方记减少的规则决定

B. 贷方记增加，借方记减少的规则决定

C. 有借必有贷，借贷必相等的规则决定

D. 账户的基本性质决定

5. 采用借贷记账法，账户的基本结构是指（　　）。

A. 账户的具体格式　　B. 账户的增加方和减少方

C. 账户应记的经济内容　　D. 账户的名称和它的借方及贷方

6. 对会计要素的具体内容进行分类核算的专门方法是（　　）。

A. 复式记账　　B. 登记账簿

C. 设置账户　　D. 编制会计报表

7. 运用复式记账登记账户时，有关账户之间存在（　　）。

A. 从属关系　　B. 平行关系

C. 统驭关系　　D. 对应关系

8. 总分类核算与明细分类核算的主要区别是（　　）。

A. 记账的依据不同　　B. 记账的方向不同

C. 记账的内容不同　　D. 运用的账户不同

9. 总分类账户的具体格式通常采用（　　）。

A. 借、贷、余三栏式　　B. 数量金额式

C. 多栏式（分析式）　　D. 丁字式

10. 资产账户借记增加，贷记减少，其结果必然是（　　）。

A. 每个资产账户贷方数额大于借方数额

B. 每个资产账户借方数额大于贷方数额

C. 所有资产账户贷方数额大于借方数额

D. 所有资产账户借方数额大于所有负债账户贷方数额

二、多项选择题

1. 会计账户的结余额，按其性质可以分为（　　）。

A. 期初余额　　B. 期末余额

C. 借方余额　　D. 贷方余额

E. 上述 A 和 B

2. 三栏式明细账户一般适用于（　　）。

A. 应付账款明细账户　　B. 材料明细账户

C. 材料采购明细账户　　D. 产成品明细账户

E. 应收账款明细账户

3. 引起负债和所有者权益要素增减变动的经济业务有（　　）。

A. 负债和所有者权益等额同增

B. 负债和所有者权益等额同减

C. 负债和所有者权益有增有减，增减金额相等

D. 负债内部此增彼减，增减金额相等

E. 所有者权益内部此增彼减，增减金额相等

4. 下列项目中属于资产内部此增彼减的经济业务的有（　　）。

A. 出售产品，货款未收　　B. 出售产品收到货款

C. 购买材料货款未付　　D. 购买材料支付货款

E. 供货方发出材料结清预付购料款

5. 会计账户提供动态指标的术语是（　　）。

A. 期初余额　　B. 期末余额

C. 借方发生额　　D. 贷方发生额

E. 借方或贷方余额

6. 会计账户提供静态指标的术语是（　　）。

A. 期初余额　　B. 期末余额

C. 借方发生额　　D. 贷方发生额

E. 借方或贷方余额

7. 下列属于资产、负债等额同增的经济业务是（　　）。

A. 预付供货方材料款　　B. 收到购货方预付的货款

C. 收到购货方的应付账款　　D. 购进材料货款未付

E. 供货方发来材料结清预付购料款

8. 总分类账户本期发生额对照表合计栏所包括的相等关系是（　　）。

A. 期初、期末借方余额合计数相等

B. 期初、期末贷方余额合计数相等

C. 期初借、贷方余额合计数相等

D. 本期借、贷方发生额合计数相等

E. 期末借、贷方余额合计数相等

9. 在借贷记账法下，账户贷方登记的内容是（　　）。

A. 资产和费用的增加　　B. 资产和费用的减少

C. 负债和所有者权益的增加　　D. 负债和所有者权益的减少

E. 收入和利润的增加

三、判断题

1. 账户的结余额是在登记增加金额的一方。（　　）

2. 在试算平衡表中，本期借方发生额等于本期贷方发生额，并不能说明账务处理是完全正确的。（　　）

3. 经济业务的发生，对会计等式的影响可以归结为四种（或九种）不同类型。（　　）

4. 资产账户和负债账户的余额都是在账户记录增加的一方。（　　）

5. 为了使账户的对应关系清晰正确，只能编制一借一贷的会计分录。（　　）

6. 资产减少，费用必定增加；收入增加，资产也必增加。（　　）

7. 期末应将过渡性账户的余额结转入“利润分配”账户，从而结清过渡性账户。（　　）

8. 平行登记的结果是总分类账户的本期发生额必然与明细分类账户的本期发生额在总额上相等。（　　）

四、问答题

1. 什么是会计方法体系和会计核算方法体系？它们分别由哪些方法组成？

2. 什么是会计科目和会计账户？如何设置会计科目和会计账户？它们有什么区别？

3. 账户的基本结构是怎样的？如何在各类账户中记录有关数据？

4. 试比较说明资产、负债、所有者权益、收入、费用账户在使用方法上的异同。

5. 什么是借贷记账法？它有哪些特点？

6. 借贷记账法的记账规则是怎样归纳出来的？

7. 如何编制会计分录？会计分录中的应借、应贷账户是怎样确定的？
8. 什么是会计循环？会计循环的一般程序和步骤有哪些？
9. 总分类账和明细账为什么要平行登记？平行登记有什么要求？
10. 如何进行试算平衡？试算平衡所依据的原理是什么？

五、业务题

练习一

（一）目的：熟悉和掌握会计等式“资产 = 负债 + 所有者权益”以及经济业务基本类型。

（二）要求：根据下列资料中各项组合关系，各举一经济业务加以说明。

（三）资料：

1. 资产增加，资产减少。
2. 资产增加，负债增加。
3. 资产减少，负债减少。
4. 资产增加，所有者权益增加。
5. 资产减少，所有者权益减少。
6. 负债增加，负债减少。
7. 负债增加，所有者权益减少。
8. 所有者权益增加，所有者权益减少。
9. 负债减少，所有者权益增加。

练习二

（一）目的：熟悉和掌握借贷复式记账法。

（二）要求：根据资料 1 ~ 12 项经济业务编制会计分录。

（三）资料：

本期发生的部分经济业务如下：

1. 以银行存款 30 000 元购入一台新机器。
2. 收到 A 企业投入固定资产价值 20 000 元。
3. 向银行取得短期借款 50 000 元，偿还上月欠光华工厂的购料款。
4. 收到先锋厂上月所欠货款 80 000 元，已存入银行。
5. 从银行提取现金 1 000 元备用。
6. 以银行存款 10 000 元，购进甲材料一批。
7. 收到 B 企业投入资金 50 000 元。
8. 购进材料一批价值 25 000 元，货款未付。
9. 业务员出差借支差旅费 800 元，以现金付讫。
10. 以银行存款 70 000 元偿还短期借款。
11. 出售不需用新机器一台，价值 15 000 元，款项已存入银行。
12. 生产 M 产品领用材料价值 30 000 元。

练习三

（一）目的：掌握会计循环的基本步骤。

（二）要求：按照会计循环的步骤，为中信公司本期发生的经济业务进行相应的账务处理。

1. 根据下述资料编制会计分录。其中 1 ~ 8 项为日常发生的经济业务；9 ~ 13 项为期末账项调整和账项结转业务；14、15 项为期末账户结清业务。

2. 根据会计分录过入有关账户。

3. 试算平衡，编制“总分类账户本期发生额对照表”。

（三）资料：

1. 中信公司 2018 年 7 月有关账户余额如下表（单位：元）

账户名称	金额（借方）	账户名称	金额（贷方）
库存现金	2 000	短期借款	480 000
银行存款	400 000	应付账款	682 000
应收账款	920 000		
原材料	150 000	实收资本	1 000 000
产成品	250 000	累计折旧	160 000
固定资产	600 000		

2. 中信公司 2018 年 7 月发生的经济业务如下：

① 9 日，收到 M 公司上月所欠货款 200 000 元，已存入银行。

② 12 日，从银行提取现金 5 000 元。

③ 13 日，经理出差借支差旅费 2 500 元，以现金付讫。

④ 14 日，以银行存款 160 000 元购进材料一批。

⑤ 15 日，以银行存款预付第三季度营业用房租金 3 600 元。

⑥ 16 日，以存款支付上月所欠货款 82 000 元。

⑦ 17 日，出售产品一批，货款 250 000 元已存银行。

⑧ 20 日，以现金支付本月水电费 1 200 元。

⑨ 31 日，本月应交营业用房租金 1 200 元。

⑩ 31 日，预提短期借款利息 2 800 元。

⑪ 31 日，结转本期已销产品的成本 175 000 元。

⑫ 31 日，本月应交消费税金 20 000 元。

⑬ 31 日，本月行政管理部门应提折旧 18 000 元。

⑭ 31 结清本月收入账户。

⑮ 31 结清本月费用账户。

自测题

一、单项选择题

1. 下列事项中，不可能发生的是（ ）。
   A. 资产与所有者权益以相等数额同时增加或同时减少
   B. 资产与负债以相等的数额一增一减
   C. 两个资产项目以相等的数额一增一减
   D. 负债与所有者权益以相等的数额一增一减
2. 会计科目是对（ ）的具体内容进一步分类的项目名称。
   A. 会计对象 B. 经济业务 C. 会计分录 D. 会计账户
3. 资产与负债及所有者权益之间的关系是（ ）。
   A. 资产＋负债＝所有者权益 B. 资产＝负债＋所有者权益
   C. 资产＝负债－所有者权益 D. 资产＝所有者权益－负债
4. 下列事项中，不属于会计事项的是（ ）。
   A. 向银行借款 100 万元 B. 购买材料 10 万元，款未付
   C. 签订销售合同 200 万元 D. 支付工人工资 5 000 元
5. 账户的基本结构一般分为（ ）。
   A. 借、贷两方 B. 上下两部分
   C. 发生额、余额两部分 D. 前后两部分
6. 账户的增加发生额与它的期末余额一般是记在账户的（ ）。
   A. 借方 B. 贷方 C. 相同方向 D. 相反方向
7. 总分类账户本期发生额对照表的作用是验算（ ）。
   A. 总分类账户发生额 B. 总分类账户余额
   C. 总分类账户发生额和余额 D. 明细类账户发生额和余额
8. 收回应收账款应贷记的账户是（ ）。
   A. 主营业务收入 B. 其他业务收入
   C. 应付账款 D. 应收账款
9. 存在对应关系的账户称为（ ）。
   A. 联系账户 B. 平衡账户 C. 恒等账户 D. 对应账户
10. 下列哪个错误能通过试算平衡发现（ ）。
   A. 某项经济业务未入账
   B. 借贷双方同时多记了经济业务的金额
   C. 应借应贷账户的方向颠倒
   D. 借贷双方中一方多记金额，一方少记金额

二、多项选择题

1. 会计核算方法包括（ ）。

A. 编制报表
B. 成本核算
C. 财产清查
D. 成本预测
E. 复式记账

2. 在借贷记账法下，账户借方登记的内容是（　　）。
A. 资产和费用的增加
B. 资产和费用的减少
C. 负债和所有者权益的增加
D. 负债和所有者权益的减少
E. 收入和利润的增加

3. 期末应予以结清的下列账户包括（　　）。
A. 资产类账户
B. 负债类账户
C. 所有者权益类账户
D. 收入类账户
E. 费用类账户

4. 数量金额式明细账户一般适用于（　　）。
A. 生产成本明细账户
B. 材料明细账户
C. 材料采购明细账户
D. 库存商品明细账户
E. 应收账款明细账户

5. 总分类账户和明细分类账户平行登记的要点是（　　）。
A. 记账依据相同
B. 记账方向相同
C. 账户格式相同
D. 记账人员相同
E. 记账金额相等

6. 账户贷方登记的内容包括（　　）。
A. 资产增加
B. 负债增加
C. 所有者权益增加
D. 收入增加
E. 费用减少

7. 下列涉及不同会计要素项目变化的业务有（　　）。
A. 从银行提取现金
B. 投资者以某项专利权投资
C. 产品完工入库
D. 出售产品取得收入
E. 生产领用材料

8. 引起资产和负债要素增减变动的经济业务有以下几种类型（　　）。
A. 资产和负债等额同增
B. 资产和负债等额同减
C. 资产和负债有增有减，增减金额相等
D. 资产内部此增彼减，增减金额相等
E. 负债内部此增彼减，增减金额相等

9. 下列各项，属于企业会计核算具体内容的有（　　）。
A. 款项和有价证券的收付
B. 财产物资的收发增减和利用
C. 债权债务的发生和结算
D. 财务成果的计算和处理

E. 生产车间的出勤率

10. 下列各项中，导致负债总额发生变化的是（　　）。

A. 赊销商品　　B. 赊购商品

C. 开出银行承兑汇票购买材料　　D. 用盈余公积转增资本

E. 从银行取得借款

三、判断题

1. 企业的所有者权益包括企业投资人对企业资本的溢价投入。（　　）
2. 账户的借方登记的是增加额，贷方登记的是减少额。（　　）
3. 资产类账户余额一般在借方。（　　）
4. 负债类和所有者权益类账户的余额一般在借方。（　　）
5. "资产 = 负债 + 所有者权益" 这个平衡公式是企业资金运动的表现。（　　）
6. 账户发生额试算平衡公式是根据借贷记账法的记账规则确定的。（　　）
7. 任何经济业务的发生都不会影响会计基本等式的平衡关系。（　　）
8. 账户是按照规定的会计科目设置的，会计科目就是账户的名称。（　　）
9. 能用货币计量的经济活动称为经济业务，即会计事项。（　　）
10. 在试算平衡表上，虽然实现了期初余额、本期发生额和期末余额三栏的恒等关系，但是仍然不能保证账户记录是完全正确的。（　　）

四、业务题

练习一

（一）目的：练习会计要素的确认及会计账户的设置。

（二）要求：根据下列项目，说明所属的会计要素及其应设置的会计账户的名称。

（三）资料：

1. 房屋及建筑物
2. 开出本企业承兑的商业汇票
3. 库存生产用钢材
4. 存放在银行的存款
5. 由出纳人员保管的人民币
6. 应收某公司的货款
7. 应付给某公司的材料款
8. 投资者投入的资本
9. 从银行取得三年期的借款
10. 银行借款利息支出
11. 新产品发明专利两项
12. 预收某公司货款
13. 经理出差借支差旅费
14. 持有 M 公司承兑的商业汇票
15. 预付某公司材料款
16. 机器设备
17. 长期持有 A 公司股票
18. 预收的押金
19. 销售材料收入
20. 销售产品收入
21. 投资股票收入
22. 接受投入商标权
23. 向灾区捐赠资产
24. 发行三年期债券
25. 管理部门办公费
26. 产品广告宣传费

27. 提取盈余公积　　　　　　　　　28. 应缴纳的税金

29. 技术转让收入　　　　　　　　　30. 已销产品成本

练习二

（一）目的：熟悉和掌握经济业务基本类型。

（二）要求：根据下列资料中各项组合关系，各举一经济业务加以说明。

（三）资料：

1. 资产和所有者权益同时增加。
2. 资产和所有者权益同时减少。
3. 资产和负债同时增加。
4. 资产和负债同时减少。
5. 资产内部此增彼减变化。
6. 负债内部此增彼减变化。
7. 所有者权益此增彼减变化。
8. 所有者权益和负债此增彼减变化。

练习三

（一）目的：熟悉和掌握借贷复式记账法。

（二）要求：根据下列资料编制会计分录。

（三）资料：

1. 以银行存款 2 000 元支付商标注册费。
2. 甲经理出差借支差旅费 1 000 元，出纳开出现金支票付讫。
3. 购进材料一批，价值 5 000 元，货款未付。
4. 从银行取得短期借款 10 000 元，已存入银行。
5. 以银行存款 20 000 元，购进甲材料。
6. 收到 M 单位上月所欠货款 100 000 元，已存入银行。
7. 以银行存款 50 000 元，偿还所欠 Y 公司上月的材料款。
8. 以银行存款 30 000 元购进机床一台。
9. 乙经理出差借差旅费 1 000 元，以现金付讫。
10. 从银行提取现金 5 000 元备用。
11. 购进材料一批，价值 12 000 元，以银行存款 10 000 元支付部分货款，余款暂欠。
12. 收到 M 公司上月所欠货款 50 500 元，其中银行存款 50 000 元，现金 500 元。

五、案例分析

爱秀娱乐会所的得失

小何原来是某饭店的会计，年薪 50 000 元。一年前她辞去公职，个人投资 200 000 元，创办了爱秀娱乐会所，主要经营各种宴席、酒会、随意小吃等饮食服务，同时兼营舞会、宴会等场地出租。该娱乐会所一年来的经营情况汇总如下：

（1）全年提供饮食服务获得收入580 000元；

（2）出租场地获得租金收入180 000元；

（3）各种饮食品的成本计300 000元；

（4）支付广告费40 000元；

（5）支付雇员薪酬140 000元；

（6）小何个人生活费15 000元；

（7）耗用清洁用品等计1 500元；

（8）爱秀娱乐会所一年发生的水电费20 000元，其他杂费5 000元；

（9）爱秀娱乐会所租用的房屋年租金150 000元；

（10）一年的税费计15 000元。

案例要求：

1. 请你评价小何经营的爱秀娱乐会所的经营状况。

2. 假如当时的银行存款利率为2.8%，请你评价小何辞职搞个体经营是否更有利可图。

练习题参考答案

一、单项选择题

1. D　2. D　3. C　4. D　5. D　6. C　7. D　8. D　9. A　10. B

二、多项选择题

1. CD　2. AE　3. CDE　4. DE　5. CD

6. ABE　7. BD　8. CDE　9. BCE

三、判断题

1. ×　2. √　3. √　4. √　5. ×　6. ×　7. ×　8. ×

四、简答题（略）

五、业务题

练习一

所举经济业务实例如下：

1. 从银行提取现金100元。
2. 从银行取得短期借款50 000元。
3. 以银行存款偿还长期借款80 000元。
4. 收到A企业以银行存款方式投入资本200 000元。
5. 联营期满，B企业撤走资本50 000元（银行存款）。
6. 以银行短期借款20 000元，直接偿还应付账款。
7. 将本月税后利润10 000元，按出资比例分配投资者的利润。
8. 经批准将盈余公积50 000元转增资本。

9. 经商定将应付光华工厂的账款100 000元，转作对本企业的投资。

练习二

根据资料内容会计分录编制如下：

①借：固定资产	30 000	
贷：银行存款		30 000
②借：固定资产	20 000	
贷：实收资本		20 000
③借：应付账款	50 000	
贷：短期借款		50 000
④借：银行存款	80 000	
贷：应收账款		80 000
⑤借：库存现金	1 000	
贷：银行存款		1 000
⑥借：原材料	10 000	
贷：银行存款		10 000
⑦借：银行存款	50 000	
贷：实收资本		50 000
⑧借：原材料	25 000	
贷：应付账款		25 000
⑨借：其他应收款	800	
贷：库存现金		800
⑩借：短期借款	70 000	
贷：银行存款		70 000
⑪借：银行存款	15 000	
贷：固定资产		15 000
⑫借：生产成本	30 000	
贷：原材料		30 000

练习三

1. 分析经济业务，编制会计分录，其分录如下（1～8事项）

（1）收到货款：

借：银行存款	200 000	
贷：应收账款		200 000

（2）提取现金：

借：库存现金	5 000	
贷：银行存款		5 000

（3）借支差旅费：

借：其他应收款　　2 500
　　贷：库存现金　　2 500

（4）以存款购进材料：

借：原材料　　160 000
　　贷：银行存款　　160 000

（5）以存款预付租金：

借：预付账款　　3 600
　　贷：银行存款　　3 600

（注：以前计入待摊费用，新准则取消待摊费用，在实际发生时计入当期损益）

（6）以存款支付欠款：

借：应付账款　　82 000
　　贷：银行存款　　82 000

（7）出售产品取得收入：

借：银行存款　　250 000
　　贷：主营业务收入　　250 000

（8）支付水电费：

借：管理费用　　1 200
　　贷：库存现金　　1 200

2. 过账

根据 1 ~8 笔会计分录过入有关账户，其结构及基本内容如下：

借方　库存现金　贷方

借方		贷方	
期初余额：	2 000		
	②5 000		
			③2 500
			⑧1 200
本期发生额：	5 000	本期发生额：	3 700
期末余额：	3 300		

借方　银行存款　贷方

借方		贷方	
期初余额：	400 000		
	①200 000		②5 000
	⑦250 000		④160 000
			⑤3 600
			⑥82 000
本期发生额：	450 000	本期发生额：	250 600
期末余额：	599 400		

借方　应收账款　贷方

借方		贷方	
期初余额：	920 000		①200 000
本期发生额：		本期发生额：	200 000
期末余额：	720 000		

借方　其他应收款　贷方

借方		贷方	
期初余额：			
	③2 500		
本期发生额：	2 500	本期发生额：	
期末余额：2 500			

原材料

借方	贷方
期初余额：150 000	
④160 000	
本期发生额：160 000	
期末余额：310 000	

库存商品

借方	贷方
期初余额：250 000	
	⑪175 000
本期发生额：	本期发生额：175 000
期末余额：75 000	

预付账款

借方	贷方
⑤3 600	⑨1 200
本期发生额：3 600	本期发生额：1 200
期末余额：2 400	

固定资产

借方	贷方
期初余额：600 000	
本期发生额：	本期发生额：
期末余额：600 000	

累计折旧

借方	贷方
	期初余额：160 000
	⑬18 000
本期发生额：	本期发生额：18 000
	期末余额：178 000

短期借款

借方	贷方
	期初余额：480 000
本期发生额：	本期发生额：
	期末余额：480 000

应付账款

借方	贷方
	期初余额：682 000
⑥82 000	
本期发生额：82 000	本期发生额：
	期末余额：600 000

应交税费

借方	贷方
	⑫20 000
本期发生额：	本期发生额：20 000
	期末余额：20 000

应付利息

借方	贷方
	⑩2 800
本期发生额：	本期发生额：2 800
	期末余额：2 800

财务费用

借方	贷方
⑩2 800	⑮2 800
本期发生额：2 800	本期发生额：2 800

税金及附加

借方	贷方
⑫20 000	⑮20 000
本期发生额：20 000	本期发生额：20 000

主营业务成本

借方	贷方
⑪175 000	⑮175 000
本期发生额：175 000	本期发生额：175 000

管理费用

借方	贷方
⑧1 200	
⑨1 200	
⑬18 000	⑮20 400
本期发生额：20 400	本期发生额：20 400

主营业务收入

借方	贷方
⑭250 000	⑦250 000
本期发生额：250 000	本期发生额：250 000

本年利润

借方	贷方
⑮175 000	⑭250 000
20 000	
20 400	
2 800	
本期发生额：218 200	本期发生额：250 000
	期末余额：31 800

实收资本

借方	贷方
	期初余额：1 000 000
本期发生额：	本期发生额：
	期末余额：1 000 000

3. 期末编制账项调整结转的会计分录如下，并过入有关账户（见答案9～13项记录）。

（9）摊销租金：

借：管理费用　　1 200

　贷：预付账款　　1 200

（10）预提借款利息：

借：财务费用　　2 800

　贷：应付利息　　2 800

（11）结转成本：

借：主营业务成本　　175 000

　贷：库存商品　　175 000

（12）应交消费税税金：

借：税金及附加　　20 000

　贷：应交税费——应交消费税　　20 000

（13）计提折旧：

借：管理费用　　18 000

　贷：累计折旧　　18 000

4. 账户的结清和结算。编制结清收入、费用的会计分录如下，同时结出各账户的本期发生额和期末余额。

（14）结转收入：

借：主营业务收入　　250 000

　贷：本年利润　　250 000

（15）结转费用、成本和税金：

借：本年利润　　218 200

　贷：主营业务成本　　175 000

　　税金及附加　　20 000

　　管理费用　　20 400

　　财务费用　　2 800

全月借方、贷方合计：1 389 500 元，试算平衡无误。

5. 试算平衡表略，留待同学们自行编制试算平衡表。

自测题参考答案

一、单项选择题

1. B　2. A　3. B　4. C　5. A　6. C　7. C　8. D　9. D　10. D

二、多项选择题

1. ABCE　2. AD　3. DE　4. BD　5. ABE

6. BCDE　7. BD　8. ABDE　9. ABCD　10. BCE

三、判断题

1. √　2. ×　3. √　4. ×　5. ×　6. √　7. √　8. √

9. √　10. √

四、业务题

练习一

序号	会计要素类别	账户名称	序号	会计要素类别	账户名称	序号	会计要素类别	账户名称
1	资产	固定资产	11	资产	无形资产	21	收入	投资收益
2	负债	应付票据	12	负债	预收账款	22	所有者权益	实收资本
3	资产	原材料	13	资产	其他应收款	23	费用	营业外支出
4	资产	银行存款	14	资产	应收票据	24	负债	应付债券
5	资产	库存现金	15	资产	预付账款	25	费用	管理费用
6	资产	应收账款	16	资产	固定资产	26	费用	销售费用
7	负债	应付账款	17	资产	长期股权投资	27	所有者权益	盈余公积
8	所有者权益	实收资本	18	负债	其他应付款	28	负债	应交税费
9	负债	长期借款	19	收入	其他业务收入	29	收入	其他业务收入
10	费用	财务费用	20	收入	主营业务收入	30	费用	主营业务成本

练习二

1. 收到投资者投入的资金50万元存入银行。
2. 投资人撤出货币资金10万元。
3. 从银行取得短期借款20万元，款项已存入银行。
4. 以银行存款10万元偿还借款。
5. 从银行提取现金1万元备用。
6. 从银行取得短期借款5万元直接偿还所欠材料款。
7. 经董事会决定，将资本公积20万元转增资本。
8. 经董事会决定，将本期实现的净利润100万元，按出资比例分配给股东。

练习三

1. 借：无形资产	2 000	
贷：银行存款		2 000
2. 借：其他应收款	1 000	
贷：银行存款		1 000
3. 借：原材料	5 000	
贷：应付账款		5 000
4. 借：银行存款	10 000	
贷：短期借款		10 000
5. 借：原材料	20 000	
贷：银行存款		20 000
6. 借：银行存款	100 000	
贷：应收账款		100 000
7. 借：应付账款	50 000	
贷：银行存款		50 000
8. 借：固定资产	300 000	
贷：银行存款		300 000
9. 借：其他应收款	1 000	
贷：库存现金		1 000
10. 借：库存现金	5 000	
贷：银行存款		5 000
11. 借：原材料	12 000	
贷：银行存款		10 000
应付账款		2 000
12. 借：银行存款	50 000	
库存现金	500	
贷：应收账款		50 500

五、案例分析

案例提示：

1. ①爱秀娱乐会所在这一年经营中实现的收入为 760 000（580 000 + 180 000）元。

②爱秀娱乐会所在这一年经营中发生的各种支出为 671 500（300 000 + 40 000 + 140 000 + 1 500 + 20 000 + 5 000 + 150 000 + 15 000）元。

③小何的个人生活费用不能计算在爱秀娱乐会所的支出中。

④由上可以计算出爱秀娱乐会所经过一年的经营实现的净收益为 88 500（760 000 − 671 500）元。

2. 如果考虑银行存款利息，即假如将小何用来投资的 200 000 元存入银行，则其应收利息为：200 000 × 2.8% = 5 600（元），再考虑其因辞职而失去的年薪 50 000 元，则小何因开办娱乐会所而发生的损失为 55 600 元，但爱秀娱乐会所获得的净收益为 88 500 元。由此可见，小何开办这个娱乐会所还是有利可图的。

第三章
企业主要经济业务的核算

第一部分　学习指导

一、学习目的和要求

本章以制造业为例，具体介绍怎样运用借贷记账法进行资金的筹集、供应过程、生产过程和销售过程及其财务成果分配的账务处理。本章采用分类的方法，分节介绍了资金筹集的内容、资本、资本公积的来源及其账务处理；材料采购业务的内容、材料采购成本的计算及其会计分录的编制方法；生产业务的内容、生产费用如何对象化、生产成本的计算及其会计分录的编制方法；产品销售业务的内容、销售成本的计算和结转及其会计分录的编制方法；财务成果分配的程序、核算的内容及其会计分录的编制方法。在本章的各节中，具体详尽地介绍了如何根据经济业务的特点，来设置和运用账户，如何对收入、费用、成本进行确认和计量。本章是全书的重点，通过本章的学习，应熟练地掌握资金的筹集、供应过程、生产过程和销售过程及其财务成果分配的账务处理；能够根据经济业务的内容来设置和运用一套完整的账务体系，对经济业务产生的数据分类进行记录，提供会计要素增减变动的指标。学习本章的基本要求是：

（1）了解工业企业资金筹集、供应过程、生产过程、销售过程日常发生的典型业务及其他主要业务，掌握分析这些经济业务的基本方法，并能熟练地分析这些业务所引起的各个会计要素项目的变化，特别是费用、成本、收入等业务发生时，会计要素变化的规律。

（2）明确成本结转的意义，掌握成本结转的内容和程序，并能牢固掌握和熟练运用完工产品成本和产品销售成本的计算和结转的方法。

（3）掌握企业财务成果分配的基本程序及账务处理。

（4）了解期末结清收入、费用账户的意义，深刻理解利润的构成，并能熟练地掌握收入、费用的结转的基本程序和方法，正确计算企业的经营成果。

（5）掌握企业资金筹集、供应过程、生产过程、销售过程及其财务成果分配等业务核算的账户设置和运用，能熟练地运用这些账户正确进行账务处理。

二、本章主要内容导图（图 3 - 1）

图 3 - 1　企业主要经济业务的核算思维导图

三、学习方法

本章是借贷记账法在制造业的具体运用，从经济业务的种类看，包括资金的筹集、材料的采购、产品的生产、产品的销售、其他业务的记录、财务成果的确定和分配。从会计循环的基本程序、步骤看，既有日常发生的经济业务，又有成本计算、期末账项调整的业务。面对本章所涉及的纷繁复杂的经济业务，在学习时，应注意理顺思路，从以下几个方面去把握重点、难点。

（1）学会设置和运用账户，分类记录经济业务所引起的会计要素的变化。

学习本章应首先按资金循环和周转的路径，了解和熟悉在不同阶段会发生哪些经济业务，这些经济业务是如何影响会计要素项目的变化的，然后会计核算根据不同的业务，设置相应的账户，并以会计分录的形式记录这些经济业务，以分类提供各个环节的会计信息。

（2）熟悉和掌握各类账户的结构和使用方法。

在资金运动的各个环节，需要设置和运用许多不同类别的账户，对所设置的每一个账户应从账户的经济内容、用途、结构和明细账的设置四个方面去把握，同时在各账户的运用中，应注意比较各类账户的异同点，找出它们的规律，以便更深入地掌握和运用各类账户。

（3）把握重点、难点，循序渐进，特别注意在资金循环各转折点上相关业务的特点。

本章的重点、难点，在学习时，应特别关注。

①如何确定成本。为了确定成本，应重点掌握产品生产成本和主营业务成本的计算方法，了解它们平时是在哪些账户进行记录，通过什么程序才能正确确定产品的生产成本和主营业务成本。

②如何确定利润。为确定本期利润，应重点掌握利润的构成及其计算方法，了解影响利润增减变动因素平时是由哪些账户进行记录的，期末应通过什么程序将其结转至“本年利润”账户，从而正确计算本期利润。

③利润分配的核算。为了突破利润分配核算这一难点，应首先搞清利润分配的程序和方法，其次是“利润分配”账户的用途、结构及其明细账的设置，然后是如何运用“利润分配”账户归集本期已实现的利润、已分配的利润，确定本期未分配的利润。只有将这些问题搞清楚，才能熟练地进行利润分配的核算。

（4）强化课外练习，通过实际操作深入学习和掌握教材的相关内容。

本章涉及制造业从资金的筹集、供、产、销，到财务成果形成、分配等全过程的经济业务，不仅业务量大，而且种类繁杂，因此只有通过大量的课外练习，才能熟练地处理各种类型的经济业务，系统地消化和掌握教材的相关内容。

四、应掌握的主要内容

（一）基本概念

筹资业务　注册资本　实收资本　投入资本　所有者权益　资本公积　借入资本　采购业务　采购费用　采购成本　生产业务　生产费用　生产成本　直接费用　间接费用　完工产品制造成本　管理费用　财务费用　销售业务　商业折扣　现金折扣　主营业务收入　主营业务成本　销售成果　销售费用　销售净收入　其他业务收入　其他业务成本　先进先出法　后进先出法　加权平均法　利润　营业利润　投资收益　资产处置收益　其他收益　营业外收入　营业外支出　利得　损失　净利润　利润分配　财务成果　盈余公积　未分配利润

（二）企业组织形式和所有者权益

企业组织形式一般为独资企业、合伙企业和公司企业。不同的组织形式其所有者权益的具体内容和表现形式也有所不同。

所有者权益是指企业资产扣除负债后由所有者享有的剩余权益。所有者权益在外延上，不仅包括了所有者投入的原始资本，而且还包括了资本公积、盈余公积和未分配利润等项目，它们的具体内容可结合教材第二节、第六节的相关内容深入理解。

（三）资本业务及其账务处理

为了正确进行资本业务的核算，首先需要搞清注册资本、实收资本和投入资本等几个基本概念的界限，它们之间有什么异同；其次要掌握引起实收资本、资本公积、盈余公积和未分配利润变动的原因，学会分析这些经济业务；再次要正确设置相应的账户，准确进行资本业务的核算。

（四）材料采购业务的内容、特点及其采购业务的会计处理

采购主要是指采购材料，形成生产储备，为生产的顺利进行创造条件。采购业务过程中，会计核算的主要内容一是归集采购费用；二是计算采购成本。为此会计上应设置“材料采购”“原材料”“应付账款”“应付票据”“预付账款”等账户，以归类记录、提供采购业务的相关信息。

在学习采购业务的核算时，第一应重点掌握如何运用“材料采购”账户，归集采购费用，计算材料采购成本。材料采购成本由买价和采购费用两个项目构成，若购买材料发生的采购费用属于共同性费用，则须采用适当的标准，将其进行分配，才能正确计算各种材料的采购成本。第二注意比较现款交易、欠款交易和预付账款等不同交易形式的账务处理。

（五）生产业务核算的内容、生产费用及其分类和产品成本的计算

生产过程核算的主要内容一是汇集、分配生产费用；二是计算产品成本。它是由日常账务处理、期末账项调整和结转两个阶段的业务构成的。

生产业务的账务处理，应重点把握以下几个方面的问题：

1. 搞清产品生产费用和产品生产成本的实质

产品生产过程发生的一切物化劳动耗费和活劳动耗费都是一种生产性的耗费，它们最终都要转化为产品的生产成本，这与“费用”要素是有区别的，生产性耗费转化为产品生产成本的过程，总是伴随着另一些资产项目的减少或者负债项目的增加，而不是像“费用”导致企业经济利益的流出。

2. 深入理解产品生产费用及其分类、产品生产费用对象化的过程和特点

生产过程的各种耗费，按其计入成本的方式又分为直接费用和间接费用两类。产品生产成本的形成过程也就是各种产品生产费用对象化的过程，不同的生产费用对象化为产品生产成本的过程呈现不同的特点。由于直接费用在发生时就可直接对象化为特定产品的生产成本，因此，可直接记入某产品“生产成本”账户；而间接费用在发生时不能确定成本归属，因此，应单独设置“制造费用”账户予以归集，期末再选择适当的标准，分配计入产品的生产成本；至于跨期费用对象化的过程，按下列程序进行归集：跨期费用支付时，作为资产项目或负债项目获资本性支出（如购建固定资产、无形资产、长期待摊费用的支出）确认入账，期末，再按费用的归属，通过期末账项调整、结转完成其对象化的过程。

3．把握生产过程中应设置和运用的相关账户

生产过程中涉及账户较多，如“生产成本”“制造费用”“管理费用”“应付职工薪酬”“产成品（或库存商品）”等账户。它们的性质、用途和结构都存在差异，例如“制造费用”和“管理费用”账户，“制造费用”账户借方归集车间范围内为产品生产和提供劳务而发生的各种间接费用，贷方按一定的标准，将费用分配结转至产品成本，编制会计分录——借：生产成本；贷：制造费用。“管理费用”借方归集行政管理部门为组织和管理企业生产经营活动所发生的各项管理费用，期末将借方归集的费用总额，从贷方结转至“本年利润”账户的借方，编制会计分录——借：本年利润；贷：管理费用。结转后期末没有余额。

（六）销售业务的内容、收入的确认和营业费用的核算

销售业务包括产品销售和其他业务销售，它们分别设置“主营业务收入”和“其他业务收入”账户进行核算。在核算时应注意：①销售收入确认的几个条件；②商业折扣和现金折扣的不同账务处理；③比较现款交易、欠款交易和预收账款等不同方式下账务处理的异同；④销售费用核算的内容与管理费用的异同。

（七）产品生产成本、销售成本的计算和结转

成本计算和结转包括以下几个方面的内容：

1．制造费用的分配和结转（即将本期发生的全部制造费用转入本期产品生产成本）

分配和结转的方法和程序是：①选择合理的分配标准；②计算分配率；③计算各种产品成本应负担的制造费用；④编制结转分录，从“制造费用”账户的贷方结转入“生产成本”账户的借方。

2．完工产品生产成本的计算和结转

制造费用分配结转以后，“生产成本”账户的借方归集了全部的产品生产成本，这就可以根据“生产成本”明细账户提供的资料，计算本期完工产品的总成本和单位成本，并从“生产成本”账户的贷方转入“产成品”账户的借方。结转后“生产成本”账户若有借方余额，则表示期末在产品的成本。

3．产品销售成本的计算和结转

产品销售成本的计算方法有先进先出法、后进先出法、加权平均法等，不同的方法对本期的经营成果会产生不同的影响。根据计算结果，将本期已售产品的生产成本，由产成品账户的贷方转至主营业务成本账户的借方。

（八）其他业务收支和营业外收支业务

1．其他业务收支

其他业务收支是企业销售材料、出租固定资产、出租包装物的租金收入，转让无形资产使用权所取得的收入，以及为取得这些收入发生的耗费，如销售材料的成本、出租固定资产应提的折旧、出租包装物应摊销的价值、转让无形资产应摊销的价值等。它们分别通过“其他业务收入”和“其他业务成本”账户进行核算。在账

务处理上首先反映取得的其他业务收入，借记银行存款（或库存现金、其他应收款等），贷记其他业务收入；其次反映取得该项收入的耗费，借记其他业务成本，贷记原材料、累计摊销、累计折旧、银行存款等账户。

2. 营业外收支业务

营业外收支是与企业生产经营无直接关系的日常活动损益，即利得和损失。营业外收支业务与其他业务收支是有区别的：一是所反映的经济内容不同；二是账务处理不同。营业外收支业务是通过“营业外收入”和“营业外支出”账户进行核算。其账务处理之间没有必然联系。

（九）财务成果形成和分配的核算

1. 财务成果的形成

企业财务成果通过“本年利润”进行核算。企业本期实现的收入和费用，先归集在各收入、费用类账户上，期末，分别从收入、费用账户的借方、贷方结转入“本年利润”账户的贷方、借方，结转后，这两类账户没有余额。这样“本年利润”账户的贷方、借方分别归集了本期的一切收入和费用，两者的差额即为本期的财务成果。

2. 财务成果的分配

企业实现的利润，应按公司法的有关规定在企业、投资者之间进行分配。在学习这部分内容时，应重点了解和掌握以下两个方面的问题：

（1）利润分配的顺序和内容

企业实现的利润，应按下列顺序进行分配：①弥补以前年度亏损；②提取法定盈余公积金和任意公积金；③向投资者分配利润或股利。与此相适应，利润分配核算的内容，就是按这一顺序进行核算，并确定企业期末未分配利润。

（2）“利润分配”账户的设置和运用

企业利润分配的核算是通过设置“利润分配”账户进行的。利润分配是一个双用账户，既反映利润要素，又反映所有者权益要素。其借方登记各种利润分配事项，包括提取公积金、支付投资者利润或股利等；贷方登记抵减利润分配的事项，如用盈余公积弥补企业亏损等。利润分配账户除按分配内容设置明细账户外，还应设置“利润分配——未分配利润”明细账。“未分配利润”明细账核算企业全年已实现的利润、已分配的利润和未分配利润的余额。年终，应将本年实现的利润总额和本年已分配利润数额分别转入“利润分配——未分配利润”明细账户的贷方、借方。至此，“利润分配——未分配利润”明细账户的贷方、借方分别归集了本年已实现的利润和已分配的利润，两者的差额，若为贷方余额，反映企业累计的未分配利润，若为借方余额，则反映企业累计未弥补的亏损总额。

第二部分　练习题、自测题及参考答案

练习题

一、单项选择题

1. 生产成本明细分类账的格式一般采用（　　）。

A. 三栏式　　B. 数量金额式

C. 丁字式　　D. 专栏式

2. “生产成本”账户的期末余额表示（　　）。

A. 应在下期分配的制造费用

B. 生产过程中未完工产品的成本

C. 生产过程中未完工产品的材料费用

D. 生产过程中未完工产品的人工费用

3. 企业出售甲、乙产品给 D 单位，总额 10 万元，收到购买单位 D 签发的转账支票，金额 13 万元，其中有 3 万元为对方预付货款。企业本期实现的销售收入为（　　）。

A. 13 万元　　B. 10 万元　　C. 3 万元　　D. 7 万元

4. 无法偿还的应付账款经批准核销时，应作为（　　）处理。

A. 冲减管理费用　　B. 增加资本公积

C. 冲减营业外收入　　D. 增加营业外收入

5. 某企业用长期借款购置一台机器设备用于产品生产，试用期间购入该项固定资产的长期借款利息 20 000 元，按规定，这项利息费用应列作（　　）。

A. 制造费用　　B. 生产成本　　C. 管理费用　　D. 财务费用

6. 直接从事产品生产的人员的工资应计入（　　）。

A. 财务费用　　B. 生产成本　　C. 利润分配　　D. 利润

7. 企业购入材料入库前的整理挑选费用应计入（　　）。

A. 材料采购成本　　B. 管理费用

C. 期间费用　　D. 生产成本

8. 车间管理人员的工资应记入（　　）。

A. 制造费用账户　　B. 生产成本账户

C. 管理费用账户　　D. 期间费用账户

9. 某企业销售产品 8 万元，购买单位支付货款 5 万元，余款暂欠，本期实现的销售收入是（　　）。

A. 8 万元　　B. 5 万元　　C. 3 万元　　D. 13 万元

10. 企业溢价发行股票时，其溢价部分应计入（　　）。

A. 本年利润　　B. 实收资本　　C. 资本公积　　D. 盈余公积

11. 下列既是法律主体，又是会计主体的企业是（　　）。

A. 独资企业　　B. 合伙企业　　C. 公司企业　　D. 上述 A 和 B

12. 所有者权益是指企业投资人对企业（　　）的所有权。

A. 总资产　　B. 投入资本　　C. 净资产　　D. 净资本

13. 独资企业和合伙企业是（　　）。

A. 会计主体　　B. 既是会计主体又是法律主体

C. 法律主体　　D. 既不是会计主体又不是法律主体

14. 企业净资产在数额上等于“（　　）”。

A. 流动资产 - 流动负债　　B. 资产 - 流动负债

C. 资产 - 负债　　D. 资产 - 负债 - 实收资本

15. 企业实现的净利润，首先是（　　）。

A. 按规定比例提取盈余公积　　B. 按规定比例分配优先股股利

C. 按规定比例上交所得税　　D. 按规定向股东分配股利

16. 企业资本公积的来源是（　　）。

A. 资本溢价　　B. 税后利润分配

C. 利润分配　　D. 上述 A 和 C

17. “未分配利润”明细账的贷方余额反映（　　）。

A. 累计利润总额　　B. 累计未分配利润总额

C. 累计已分配利润总额　　D. 累计未弥补亏损总额

18. 下列费用中直接抵减当期损益的费用是（　　）。

A. 制造费用　　B. 生产工人的薪酬

C. 生产成本　　D. 财务费用

19. “本年利润”账户的期末贷方余额表示的是（　　）。

A. 本年累计实现的净利润总额　　B. 本年累计发生的亏损总额

C. 本月实现的净利润总额　　D. 本月发生的亏损总额

20. 完工产品制造成本的计算依据是（　　）。

A. 产成品总账　　B. 产成品明细账

C. 生产成本总账　　D. 生产成本明细账

21. 本期制造费用总额 6 500 元，以生产工人工资为标准进行分配（A、B 产品生产工人工资比例为 1∶4）。本期 B 产品应负担的制造费用是（　　）。

A. 1 300 元　　B. 1 625 元　　C. 5 200 元　　D. 875 元

22. 生产成本账户的期初余额为 12 000 元，本期贷方发生额 35 000 元，期末在产品成本为 6 000 元，本期的生产费用应为（　　）。

A. 41 000 元　　B. 53 000 元　　C. 29 000 元　　D. 17 000 元

23. 生产成本账户的期初余额为 15 000 元，本月生产费用为 45 000 元，期末在产品成本为 6 000 元，本期的完工产品的总成本是（　　）。

A. 54 000 元　B. 68 000 元　C. 22 000 元　D. 60 000 元

24. 结转完工产品生产成本应借记的账户（　　）。

A. 主营业务成本　B. 生产成本

C. 库存商品　D. 本年利润

25. 结转产品销售成本应借记的账户是（　　）。

A. 库存商品　B. 主营业务成本

C. 主营业务收入　D. 本年利润

26. 结清“主营业务成本”账户，应借记的账户（　　）。

A. 产成品　B. 主营业务成本

C. 主营业务收入　D. 本年利润

27. 下列属于投资收益项目的是（　　）。

A. 银行存款利息收入　B. 银行借款利息支出

C. 发行债券的手续费　D. 债券利息收入

28. 下列费用不应计入成本的是（　　）。

A. 直接材料　B. 直接人工　C. 制造费用　D. 销售费用

29. 银行借款利息费用应记入以下账户的借方的是（　　）。

A. 预提费用　B. 财务费用　C. 管理费用　D. 制造费用

30. 期末，应将本期制造费用总额分配结转入（　　）。

A. 本年利润账户　B. 利润分配账户

C. 生产成本账户　D. 销售成本账户

31. 期末，应将本期管理费用总额结转入（　　）。

A. 生产成本账户　B. 销售成本账户

C. 本年利润账户　D. 利润分配账户

32. 利润总额是由营业利润、营业外收入和（　　）组成。

A. 资产处置收益　B. 投资净收益

C. 营业外支出　D. 其他业务利润

33. 期末结转已售出产品的成本，应借记（　　）。

A. 生产成本账户　B. 产成品账户

C. 主营业务收入账户　D. 主营业务成本账户

34. 甲产品期初库存 50 件，单位成本 150 元，本期第一次入库 40 件，单位成本 120 元，第二次入库 60 件，单位成本 140 元。采用加权平均法，计算本期已销甲产品 120 件的销售成本是（　　）。

A. 16 560 元　B. 16 500 元　C. 14 400 元　D. 16 800 元

35. 第 34 题中，如采用先进先出法，则本期已销甲产品 120 件的销售成本是（　　）。

A. 16 560 元　　B. 16 500 元　　C. 16 200 元　　D. 16 800 元

36. 第 34 题中，若采用后进先出法，则本期已销甲产品 120 件的销售成本是（　　）。

A. 16 560 元　　B. 16 500 元　　C. 16 200 元　　D. 16 800 元

37. 要在期末才能结算出本期发出存货成本的方法是（　　）。

A. 加权平均法　　B. 先进先出法

C. 移动加权平均法　　D. 个别计价法

38. 期末，应将财务费用账户的余额结转入（　　）。

A. 生产成本账户　　B. 制造费用账户

C. 本年利润账户　　D. 利润分配账户

39. 期末，应将其他业务收入账户的余额结转入（　　）。

A. 产品销售收入账户　　B. 其他业务收入账户

C. 本年利润账户　　D. 利润分配账户

40. 企业出售无形资产所取得的利得，应记入（　　）科目。

A. 其他业务收入　　B. 营业外收入

C. 资产处置收益　　D. 投资收益

41. 企业出租无形资产取得的收入应计入（　　）。

A. 其他业务收入　　B. 主营业务收入

C. 投资收益　　D. 营业外收入

42. 下列各项中，能够引起负债和所有者权益同时发生变动的是（　　）。

A. 股东会宣告现金股利分配方案　　B. 无形资产的摊销

C. 以盈余公积弥补亏损　　D. 计提长期债券投资利息

43. 某企业 2018 年 3 月份发生一次火灾，共计损失 100 万元，其中，流动资产损失 55 万元，固定资产损失 45 万元。经查明事故是由雷击所造成的。企业收到保险公司赔款 50 万元。其中，流动资产赔款 28 万元，固定资产赔款 22 万元。企业由于这次火灾损失而应计入营业外支出的金额为（　　）万元。

A. 100　　B. 50　　C. 27　　D. 23

44. 企业为扩大其产品或劳务的影响而在各种媒体上做广告。宣传所发生的广告费用应于相关广告见诸媒体时，作为期间费用，直接记入（　　），不得预提和待摊。

A. 财务费用　　B. 管理费用

C. 销售费用　　D. 制造费用

二、多项选择题

1. 企业的资本公积金的来源有（　　）。

A. 直接计入所有者权益的利得　　B. 股本溢价

C. 资本汇率折算差异　　D. 直接计入所有者权益的损失

2. 企业按规定从净利润中提取的盈余公积金可以用于（　　）。
A. 归还贷款　B. 弥补亏损
C. 当期收益　D. 转增资本
E. 职工集体福利
3. 根据有关规定，企业筹集的资本金，按投资主体可以分为（　　）。
A. 国家资本金　B. 集体资本金
C. 法人资本金　D. 个人资本金
E. 外商资本金
4. 我国企业的组织形式主要有（　　）。
A. 独资企业　B. 合伙企业
C. 国有企业　D. 公司企业
E. 承包企业
5. 会计上把所有者权益划分为（　　）。
A. 本年利润　B. 未分配利润
C. 盈余公积　D. 资本公积
E. 实收资本
6. 企业的留存收益包括（　　）。
A. 实收资本　B. 资本公积
C. 盈余公积　D. 公益金
E. 未分配利润
7. 归集出资人利润分配业务的账户有（　　）。
A. 应付账款　B. 应付债券
C. 应付利润　D. 应付股利
E. 其他应付款
8. 利润分配的内容包括（　　）。
A. 上缴所得税　B. 提取资本公积
C. 提取盈余公积　D. 分配投资者利润
E. 归还应付债券的本息
9. 投入资本的方式包括（　　）。
A. 货币资金　B. 无形资产
C. 有形资产　D. 资本公积
E. 盈余公积
10. 对独资企业，下列（　　）不会引起业主权益的增减变动。
A. 用现金购买材料　B. 业主提取资本
C. 业主以现金投入企业　D. 支付雇员薪金
E. 用现金购置设备

11. 下列应计入制造费用的项目包括（　　）。

A. 生产车间办公费　　B. 产品生产工人工资

C. 车间辅助工人工资　　D. 车间固定资产折旧

E. 技术转让费

12. 下列应计入管理费用的项目包括（　　）。

A. 坏账损失　　B. 企业管理人员工资

C. 技术转让费　　D. 无形资产摊销费

E. 业务招待费

13. 下列项目中，可作为企业营业外收入的是（　　）。

A. 产品销售收入　　B. 盘盈利得

C. 捐赠利得　　D. 出租包装物租金收入

E. 处理固定资产净损失

14. 营业外支出的主要项目有（　　）。

A. 职工待业保险费　　B. 职工退休金

C. 非常损失　　D. 固定资产盘亏

E. 固定资产毁损报废损失

15. 下列项目中，不能列为营业外收入的是（　　）。

A. 无法支付的应付款项　　B. 罚金收入

C. 出租包装物收入　　D. 运输劳务收入

E. 没收包装物押金收入

16. 下列各项中，属于企业期间费用的有（　　）。

A. 采购费用　　B. 制造费用

C. 管理费用　　D. 财务费用

E. 销售费用

17. 应记入“主营业务收入”账户贷方的销售收入包括（　　）。

A. 出售产品时收到的货款　　B. 出售产品时应收未收的货款

C. 预收购买单位货款　　D. 收回的应收货款

E. 购买单位的预付款抵付的货款。

18. 下列应计入“制造费用”项目的有（　　）

A. 车间生产工人工资　　B. 车间固定资产折旧

C. 车间管理人员工资　　D. 车间办公费

E. 专利技术摊销费

19. 下列费用中不属于产品销售费用的有（　　）。

A. 产品包装费　　B. 代垫运费

C. 进货费用　　D. 挑选整理

E. 广告费

20. 下列费用中，能直接计入产品生产成本的有（　　）。
A. 生产产品耗用原材料　　B. 生产工人工资
C. 生产工人福利　　D. 生产设备修理费
E. 制造费用

21. 期末，应结转入“本年利润”账户贷方的账户有（　　）。
A. 主营业务收入　　B. 主营业务成本
C. 其他业务收入　　D. 其他业务支出
E. 营业外收入

22. 期末，应结转入“本年利润”账户借方的账户有（　　）。
A. 主营业务收入　　B. 主营业务成本
C. 其他业务收入　　D. 其他业务支出
E. 营业外收入

23. 利润总额的构成因素有（　　）。
A. 营业利润　　B. 投资收益
C. 营业外收入　　D. 营业外支出
E. 盈余公积

24. 发出存货的计价方法有（　　）。
A. 先进先出法　　B. 后进先出法
C. 成本与市价孰低法　　D. 个别计价法
E. 加权平均法

25. 期末，成本结转的业务有（　　）。
A. 分配结转制造费用　　B. 结转完工产品成本
C. 结转已售产品的成本　　D. 预提本期应计费用
E. 摊销本期应负担的预付费用

26. 下列项目中属于营业外支出业务的有（　　）。
A. 转销固定资产盘亏　　B. 转销固定资产盘盈
C. 非常损失　　D. 坏账损失
E. 职工教育经费

27. 下列项目中属于增加投资收益业务的有（　　）。
A. 收到 M 公司债券利息　　B. 收到银行存款利息
C. 收到 N 公司发放的股利　　D. 收到 S 公司的预付账款
E. 收到 Y 公司的应付账款

28. 营业利润构成因素是（　　）。
A. 营业收入　　B. 营业成本
C. 管理费用　　D. 财务费用
E. 营业外支出

29．下列项目中属于利润总额减少因素的有（　　）。

A．主营业务成本　　B．生产成本
C．其他业务成本　　D．期间费用
E．营业外支出

30．企业吸收投资者出资时，下列会计科目的余额可能发生变化的有（　　）。

A．盈余公积　　B．资本公积
C．实收资本　　D．利润分配
E．本年利润

31．企业发生的下列费用中，应计入管理费用的有（　　）。

A．广告费　　B．业务招待费
C．管理人员工资　　D．新产品研发费
E．生产工人工资

32．下列各项中，影响企业营业利润的有（　　）。

A．管理费用　　B．财务费用
C．所得税费用　　D．主营业务成本
E．应交税费

33．下列各项中，应通过“固定资产清理”科目核算的有（　　）。

A．盘亏的固定资产　　B．出售的固定资产
C．报废的固定资产　　D．损毁的固定资产
E．捐赠的固定资产

34．企业因销售商品发生的应收账款，其入账价值应当包括（　　）。

A．销售商品的价款　　B．销售商品的广告费
C．购货方应支付的包装物押金　　D．代购货方垫付的运杂费
E．销售商品的装卸费

35．企业结转固定资产清理净损益时，可能涉及的会计科目有（　　）。

A．管理费用　　B．营业外收入
C．营业外支出　　D．资产处置收益
E．累计折旧

36．下列各项中，属于企业留存收益的有（　　）。

A．法定盈余公积　　B．任意盈余公积
C．未分配利润　　D．股本溢价
E．接受捐赠资产

37．下列各项中，应计入企业产品成本的有（　　）。

A．生产工人的工资　　B．车间管理人员工资
C．企业行政管理人员工资　　D．退休人员工资
E．直接材料费

38. 期末存货高估时，可能引起（　　）。
A. 所有者权益增加　　B. 所得税增加
C. 所得税减少　　D. 本期利润高估
E. 所有者权益减少

39. 下列各项中，可以确认为无形资产的有（　　）。
A. 高级专业技术人才　　B. 购买的商标权
C. 企业用于出租的土地使用权　　D. 购入的非专利技术
E. 接受捐赠的专利技术

40. 下列各项业务中会引起企业“留存收益”总额增减变化的项目有（　　）。
A. 提取盈余公积　　B. 以资本公积转增资本
C. 以盈余公积弥补亏损　　D. 以盈余公积转增资本
E. 股东大会宣告分派现金股利

41. 下列各项费用中，应当作为管理费用核算的有（　　）。
A. 技术转让费　　B. 扩大商品销售的业务招待费
C. 职工劳动保险费　　D. 待业保险费
E. 生产工人工资

42. 下列各项中，企业应确认为无形资产的有（　　）。
A. 吸收投资取得的土地使用权
B. 购入的非专利技术
C. 自行开发并按法律程序申请取得的无形资产
D. 经营租赁取得的土地使用权
E. 租入的专利权

三、判断题

1. 实收资本在数额上等于企业资产总额。（　　）
2. 独资企业和合伙企业既不是法律主体，也不是会计主体。（　　）
3. 独资企业和合伙企业对其债务需承担无限责任，因而它们不是会计主体。（　　）
4. 业主权益和合伙人权益所包括的内容和核算方法基本不同。（　　）
5. 在计算提取法定盈余公积的基数时，不包括企业年初未分配利润。（　　）
6. 有限责任公司和股份有限公司是公司企业的两种形式。（　　）
7. 所有者权益是企业投资人对企业净资产的所有权，因此，企业资产增加时，所有者权益数额等量增加。（　　）
8. 企业无论盈亏都必须按期交纳所得税。（　　）
9. 未分配利润是指本年主管部门尚未同意分配的利润。（　　）
10. 资本公积和盈余公积都是按规定从税后利润中提取的。（　　）

11. 财务费用是企业在筹集资金过程中发生的费用。因此，一切银行存款的利息支出均应计入财务费用。 （ ）

12. 企业支付银行承兑汇票手续费时，应借记“管理费用”账户。 （ ）

13. 材料采购费用均应按照一定标准分摊计入材料采购成本。 （ ）

14. 产品销售收入是指企业出售产品以后，从购买单位实际收到的各种收入。 （ ）

15. 采购材料的实际成本包括材料的买价和采购费用。 （ ）

16. 在不单独设置“预付账款”账户的企业，“应付账款”账户借方反映的内容包括应付账款的偿还和预付账款的发生。 （ ）

17. 生产过程中凡是直接对象化的费用应记入“生产成本”账户。 （ ）

18. 生产过程中间接费用应记入“制造费用”账户。 （ ）

19. 在不单独设置“预收账款”账户的企业，“应收账款”账户贷方反映的内容包括应收账款的收回和预收账款的发生。 （ ）

20. 企业发生销售退货时，应用红字编制会计分录，借记“产品销售收入”账户，贷记“应收账款”或“银行存款”项目。 （ ）

四、简答题

1. 企业筹集资金主要有哪些渠道？如何进行筹集资金的账务处理？
2. 资本公积有哪些主要来源？
3. 简要说明企业投资者的投资形式及其计价原则。
4. 供应过程中，如何计算分配共同性采购费用？
5. 供应过程核算包括哪些基本业务？
6. 生产过程中怎样核算直接对象化的费用？
7. 什么叫生产费用？什么叫生产成本？二者有什么区别和联系？
8. 试述产品生产费用的对象化过程。
9. 确认产品销售收入实现的条件是什么。
10. 商业折扣与现金折扣有什么区别？对应收账款的入账金额有什么影响？
11. “主营业务收入”账户有什么特点？
12. 怎样核算债权、债务等结算业务？
13. 其他收支业务包括哪些内容？怎样进行核算？
14. 营业外收支业务包括哪些内容？怎样进行核算？
15. 试述成本结转的意义。
16. 对发出存货的计价有哪些主要方法？新准则取消了什么方法？这些方法各自的优缺点如何？
17. 利润总额是由哪些因素构成的？如何计算？
18. 期末如何结转和结清损益类账户？

19. 企业利润分配的一般程序是怎样的？

20. 利润分配账户有什么特点？

五、业务题

练习一

（一）目的：练习资金筹集业务。

（二）要求：

1. 根据资料1有关内容分别计算出甲、乙、丙、丁四个独资企业的未知数据。

2. 根据资料2的有关内容编制会计分录。

（三）资料：

1. 甲、乙、丙、丁四个独资企业的资产及负债等情况如下表（单位：元）：

		甲企业	乙企业	丙企业	丁企业
年初：	资产	15 000	105 000	150 000	?
	负债	6 000	15 000	36 000	67 500
年末：	资产	13 500	135 000	172 500	330 000
	负债	3 000	?	36 000	52 500
年度内：	投入资本	3 150	27 000	?	97 500
	营业收入	?	52 500	70 500	183 000
	提回资本	900	15 000	9 000	9 000
	管理费用	4 950	40 500	46 500	136 500

2. 某企业2018年3月份发生下列经济业务：

①收到A企业以银行存款方式投入企业的资本500 000元。

②收到B企业投入资本1 000 000元，其中固定资产400 000元，材料400 000元，银行存款200 000元。

③收到N公司投入机器设备一台，价值500 000元。

④收到M公司投入企业的专利技术两项，原账面价值200 000元，评估价为210 000元。

⑤从银行取得短期借款500 000元，款项已存入银行。

⑥经批准将资本公积210 000元按原始出资比例（A：500 000元，B：1 000 000元）转增资本。

⑦经批准本企业改组为股份制企业，发行面值为100元的普通股股票50 000股，收到股款7 500 000元。

练习二

（一）目的：练习材料采购成本的计算。

（二）要求：根据下列资料分别计算 A、B、C 三种材料的采购总成本和单位成本，共同性采购费用按购进材料的重量比例分摊。

（三）资料：某企业购进 A 材料 500 千克，单价 20 元；B 材料 800 千克，单价 15 元；C 材料 700 千克，单价 12 元。以上三种材料同车运达，共支付运输费 350 元，装卸搬运费 200 元。另支付 A 材料入库前的挑选整理费 120 元，B 材料的检验费 80 元。

练习三

（一）目的：练习制造费用的分配和结转。

（二）要求：

1. 根据资料 1 计算各种产品应分摊的制造费用，并根据计算结果编制结转分录。

2. 根据资料 2 计算本月制造费用的小时分配率。

（三）资料：

1. 某企业本月发生的制造费用总额为 35 000 元，以生产工人工资为标准分配。其中：A 产品生产工人工资 5 000 元；B 产品生产工人工资 12 000 元；C 产品生产工人工资 8 000 元。

2. 某企业本月发生的制造费用总额为 42 000 元，已全部分配给子、丑两种产品。其中：子产品分摊了 18 000 元；丑产品生产工时为 3 000 小时，制造费用根据生产工时比例进行分配。

练习四

（一）目的：练习产品生产成本的计算和结转。

（二）要求：根据资料有关内容计算本期完工产品的总成本和单位成本，并编制结转分录。

（三）资料

1. 子产品有月初在产品 16 台，已发生材料费用 21 000 元，生产工人工资及福利 6 000 元，制造费用 800 元，共计 27 800 元。

2. 本月投入生产子产品 8 台、丑产品 30 台。发生费用如下：材料费用 18 400 元，其中子产品 4 000 元，丑产品 14 400 元；生产工人工资 21 600 元，其中子产品 7 500 元，丑产品 14 100 元；企业职工食堂伙食补助费按生产工人工资总额的 14% 预计；制造费用 8 640 元，按生产工人工资比例分摊。

3. 月末丑产品完工，子产品有 4 台未完工，但应负担材料费 2 000 元、工资及福利费 2 770 元、制造费用 1 600 元，共计 6 370 元。

练习五

（一）目的：练习日常销售业务的核算。

（二）要求：根据资料编制会计分录。

（三）资料：某企业 2018 年 3 月发生下列经济业务：

1 日，收到 S 公司购买 M 产品的预付款项 13 000 元，已存入银行。

2 日，出售 M 产品 50 件，单价 400 元，X 公司立即开出转账支票一张，面额 20 000 元承付货款。

4 日，收到 Y 公司购买 N 产品的预付款项 10 000 元，已存入银行。

5 日，以银行存款 2 500 元支付产品广告费。

6 日，销售产品领用包装材料，价值 4 500 元。

7 日，出售 M 产品 20 件给光华工厂，单价 400 元，预定付款期 30 天，若 20 日内付款则给予 5% 的折扣。

8 日，出售 M 产品 10 件，单价 400 元，N 产品 20 件，单价 250 元，并以银行存款 200 元为购货单位代垫运费，货款及代垫费尚未收到。

10 日出售 N 产品 50 件，单价 250 元，购货单位开出承兑的商业汇票一张，面额 12 500 元，抵付货款。

15 日，按合同约定向 Y 公司发出 N 产品 40 件，单价 250 元，计 10 000 元，结清原预付账款（见业务 3）。

20 日，按合同向 S 公司发出 M 产品 33 件，单价 400 元，并以银行存款代垫运费 300 元，总计 13 500 元，除以原预付款抵付外，余款暂欠（见业务 1）。

25 日，收到光华工厂所欠货款 7 600 元，已存入银行。该厂在折扣期内付款，应享有 5% 的折扣，已按约定扣除（见业务 6）。

28 日，因产品质量问题，X 公司退还出售的 M 产品 5 件，当即开出转账支票，面额 2 000 元，退还货款（见业务 2）。

练习六

（一）目的：练习其他业务的核算。

（二）要求：根据资料编制会计分录。

（三）资料：某企业 2018 年 3 月发生下列经济业务：

2 日，收到购买单位上月所欠货款 11 500 元，已存入银行。

3 日，收到购买单位开出的商业承兑汇票 12 000 元，偿付以前所欠货款。

4 日，出售积压包装材料一批，价值 5 200 元，购买单位开出商业汇票 5 200 元抵付货款。

4 日，该批包装材料的实际成本为 4 800 元。

4 日，以现金支付上项材料运费 32 元。

5 日，以银行存款 14 000 元交纳上月所欠税金。

6 日，贴现未到期的商业承兑汇票一张，面额 20 000 元；付贴现利息 1 200 元，实际收到款项 18 800 元已存入银行。

8 日，企业持有的一张商业承兑汇票到期，兑现其票面金额 40 000 元，利息 4 000 元，款项已存入银行。

10 日，企业持有的 X 公司开出承兑的商业汇票一张到期，面额 15 000 元，因该 X 公司银行存款不足，不能兑现而转作应收账款。

18 日，以银行存款支付银行商业票据手续费 120 元。

19 日，接银行通知，企业一季度存款利息 2 800 元，已转入企业存款户。

20 日，支付银行短期借款利息 4 500 元，其中 1 月、2 月已预提 3 000 元。

21 日，按合同规定，下月本企业应将不需用的固定资产出租给 A 单位，租期一年，收到 A 单位预交的租金 12 000 元，款项已存入银行。

22 日，以银行存款 50 000 元偿还到期的长期借款。

24 日，以银行存款 5 000 元支付行政管理的办公费。

25 日，收到 C 单位按合同规定于本月出租产品专利技术的租金 3 600 元，该项专利技术本月应摊销 500 元，租金收入已存入银行。

26 日，经批准提前报废设备一台，原值 60 000 元，累计折旧 48 000 元，残料变价收入 3 000 元存入银行，清理费用共支出 2 100 元，用银行存款付讫。

27 日，结转上项机器设备清理净损失。

练习七

（一）目的：练习财务成果的计算和损益账户的结转。

（二）要求：

1. 根据资料计算本月实现的利润总额。

2. 根据资料确定各损益账户的期末余额，并编制结转分录。

（三）资料：某企业 2018 年有关资料如下：

产品销售收入	225 000 元	银行存款利息收入	1 800 元
出售材料收入	2 500 元	产品销售成本	160 000 元
出租专利技术收入	3 000 元	固定资产盘亏	3 400 元
支付产品广告费	2 100 元	出售固定资产净收入	1 200 元
支付银行借款利息	22 000 元	罚款支出	200 元
无法支付的应付账款	1 300 元	已售材料的采购成本	2 100 元
运输收入	1 500 元	产品销售应纳消费税率	4.5%
销售产品的包装费	1 700 元	管理费用总额	28 000 元
本期出租固定资产的收入	350 元	债券利息收入	5 200 元
本期出租固定资产折旧	240 元	从联营单位分得利润	25 000 元

练习八

（一）目的：练习利润分配的计算和核算。

（二）要求：

1．根据资料计算：

（1）本期应纳所得税；

（2）本期应提盈余公积；

（3）年末未分配利润。

2．根据计算结果编制利润分配和结转的会计分录。

（三）资料：本年实现利润 3 000 000 元，年初未分配利润 500 000 元，所得税税率为 25%。经董事会决定：按本期税后利润的 10% 的比例计提盈余公积金，向投资者分配利润 500 000 元。

自测题

一、单项选择题

1．企业所有者权益表现为投资者对企业（　　）。

A．资产总额的所有权　　B．资产总额的索偿权

C．净资产的所有权　　D．净资产的经营权

2．企业按税后利润的一定比例计提的作为积累的是（　　）。

A．资本公积　　B．盈余公积　　C．未分配利润　　D．应付利润

3．按规定，有限责任公司的股东应该有（　　）。

A．至少一个　　B．至少两个　　C．两个以上　　D．三个以上

4．应将本企业的资本平分为金额相等的股份的是（　　）。

A．独资企业　　B．合伙企业

C．有限责任公司　　D．股份有限公司

5．企业资本公积按规定用于（　　）。

A．弥补亏损　　B．转增资本　　C．向投资者分配　D．集体福利

6．企业溢价发行股票时，其溢价部分应属于（　　）。

A．股本　　B．资本公积　　C．盈余公积　　D．本年利润

7．某企业原材料按实际成本进行日常核算。2018 年 3 月 1 日结存甲材料 300 千克，每千克实际成本 20 元；3 月 15 日购入甲材料 280 千克，每千克实际成本为 25 元；3 月 31 日发出甲材料 200 千克。如分别按后进先出法和先进先出法计算 3 月份发出甲材料的实际成本，两种方法的计算结果相比较，其差额为（　　）。（新准则已取消后进先出，可当作练习）

A．400　　B．500　　C．1 000　　D．1 400

8．某企业出售一台设备（不考虑相关税金），原价 160 000 元，已提折旧 45 000 元，出售设备时发生各种清理费用 3 000 元，出售设备所得价款为 113 000

元。该设备出售净损失为（　　）元。

A. 115 000　　B. 300　　C. 113 000　　D. 5 000

9. 企业因债权人撤销而转销无法支付的应付账款时，应将所转销的应付账款计入下列哪个账户（　　）。

A. 资本公积　　B. 其他应付款

C. 营业外收入　　D. 其他业务收入

10. 2018 年 1 月 1 日某企业所有者权益情况如下：实收资本 200 万元，资本公积 17 万元，盈余公积 38 万元，未分配利润 32 万元。则该企业 2018 年 1 月 1 日留存收益为（　　）。

A. 32　　B. 38　　C. 70　　D. 87

11. 某企业 2018 年年初未分配利润的贷方余额为 200 万元，本年度实现的净利润为 100 万元，分别按 10% 和 5% 提取法定盈余公积和任意盈余公积。假定不考虑其他因素，该企业 2018 年年末未分配利润的贷方余额应是（　　）万元。

A. 205　　B. 255　　C. 270　　D. 285

12. 下列各项，能够引起所有者权益总额发生变化的是（　　）。

A. 以资本公积转增资本

B. 增发新股

C. 向股东支付已宣告分派的现金股利

D. 以盈余公积弥补亏损

13. 某工业企业 2018 年度主营业务利润为 500 万元，其他业务利润为 10 万元，财务费用为 10 万元，营业外收入为 10 万元，所得税税率 25%。假定不考虑其他因素，该企业 2018 年度的净利润应为（　　）万元。

A. 3 382. 5　　B. 382. 5　　C. 3 007. 5　　D. 375

14. 材料采购账户的期末余额表示（　　）。

A. 预付材料款　　B. 应付材料款

C. 入库材料　　D. 在途材料

15. 应付款账户核算的内容是（　　）。

A. 与购买单位的债务结算情况　　B. 与供应单位的债务结算情况

C. 与购买单位的债权结算情况　　D. 与供应单位的债权结算情况

16. 下列各项费用中，属于制造费用的项目是（　　）。

A. 产品生产耗用的原材料　　B. 产品生产工人工资

C. 车间办公费　　D. 厂部办公费

17. 下列费用项目中，不属于产品销售费用的项目是（　　）。

A. 产品包装费　　B. 产品展览费　　C. 产品广告费　　D. 销售折扣

18. 向购买单位预收的货款应确认为企业的（　　）。

A. 债务　　B. 销售收入　　C. 债权　　D. 其他收入

19. 下列项目中，属于企业资产的项目是（　　）。

A. 预付账款　　B. 应付账款

C. 预收账款　　D. 应计费用

20. 下列项目中，属于企业营业外收入的项目是（　　）。

A. 出售材料收入　　B. 固定资产清理净损益

C. 对外投资净收益　　D. 存款利息收入

21. 下列费用项目中直接抵减当期损益的费用是（　　）。

A. 制造费用　　B. 生产工人的工资

C. 生产成本　　D. 财务费用

22. “本年利润”账户的期末借方余额表示的是（　　）。

A. 本年累计实现的利润总额　　B. 本年累计发生的亏损总额

C. 本月实现的利润总额　　D. 本月发生的亏损总额

23. 完工产品制造成本的计算依据是（　　）。

A. 产成品总账　　B. 产成品明细账

C. 生产成本总账　　D. 生产成本明细账

24. 下列项目中属于投资收益项目的是（　　）。

A. 银行存款利息收入　　B. 银行借款利息支出

C. 发行债券的手续费　　D. 债券利息收入

25. 某公司“盈余公积”科目年初余额为100万元，本期提取135万元，转增资本80万元，用法定盈余公积金发现金股利60万元。该公司“盈余公积”科目的年末余额为（　　）万元。

A. 95　　B. 155　　C. 175　　D. 235

26. 某工业企业本期营业利润为100万元，其他业务利润为10万元，管理费用为15万元，销售费用为9万元，投资收益为30万元，营业外收入为5万元，营业外支出为10万元，所得税费用为30万元。假定不考虑其他因素，则该企业本期利润总额为（　　）万元。

A. 86　　B. 95　　C. 105　　D. 110

27. 某企业年初未分配利润为100万元，本年实现的净利润为200万元，按10%和5%分别提取法定盈余公积和任意盈余公积，该企业可供投资者分配的利润为（　　）万元。

A. 200　　B. 255　　C. 270　　D. 300

28. 某企业“生产成本”科目的期初余额为10万元，本期为生产产品发生直接材料费用80万元，直接人工费用15万元，制造费用20万元，企业行政管理费用10万元，本期结转完工产品成本为100万元。假定该企业只生产一种产品，期末“生产成本”科目余额为（　　）万元。

A. 5　　B. 15　　C. 25　　D. 35

29. 某企业2018年度的主营业务利润为1 000万元，营业利润为200万元，利润总额为100万元，企业所得税税率为25%。该企业2018年所得税费用为（　　）万元。

A. 250　　B. 50　　C. 150　　D. 25

30. 下列项目中年末有余额的账户是（　　）。

A. 管理费用　　B. 所得税　　C. 长期待摊费用　　D. 制造费用

31. 下列不属于无形资产账户的有（　　）。

A. 外购的商标权　　B. 市场份额

C. 土地使用权　　D. 非专利技术

32. 某企业2018年3月份发生的费用有：计提车间用固定资产折旧10万元，发生车间管理人员工资40万元，支付广告费用30万元，短期借款利息20万元，支付劳动保险费10万元，则该企业当期的期间费用总额为（　　）万元。

A. 50　　B. 60　　C. 100　　D. 110

33. 某企业2018年年初未分配利润的贷方余额为200万元，本年度实现的净利润为100万元，分别按10%和5%提取法定盈余公积和任意盈余公积。假定不考虑其他因素，该企业2018年年末未分配利润贷方余额应为（　　）万元。

A. 205　　B. 255　　C. 270　　D. 285

34. 企业出售固定资产所取得的净收益，应计入（　　）科目。

A. 其他业务收入　　B. 营业外收入

C. 资产处置收益　　D. 投资收益

二、多项选择题

1. 我国公司企业的所有者权益包括（　　）。

A. 投入资本　　B. 资本公积

C. 盈余公积　　D. 长期投资

E. 未分配利润

2. 企业接受投资者投资的形式有（　　）。

A. 货币资金　　B. 固定资产

C. 原材料　　D. 无形资产

E. 劳动力

3. 投资者向企业交付货币资金35万元，取得30万元资本权利时，有关账户记（　　）。

A. 实收资本35万元　　B. 实收资本30万元

C. 资本公积35万元　　D. 资本公积30万元

E. 资本公积5万元

4. 下列项目中应计入资本公积的内容有（　　）。

A. 接受海外企业投入资金　　B. 资本溢价

C. 直接计入所有者权益的利得　　D. 税后利润一定比例计提

E. 直接计入所有者权益的损失

5. 企业销售商品交纳的下列各项税费中记入“税金及附加”科目的有（　　）。

A. 消费税　　B. 增值税

C. 教育税附加　　D. 城市维护建设税

E. 所得税

6. 确定已销产品成本的主要方法有（　　）。

A. 先进先出法　　B. 期中结转法

C. 加权平均法　　D. 期末结转法

E. 个别认定法

7. 下列项目中，构成投资收益项目的是（　　）。

A. 银行存款利息　　B. 银行借款利息

C. 债券利息收入　　D. 股票红利

E. 出售股票收益

8. 下列项目中，属于营业外支出的项目是（　　）。

A. 固定资产盘亏　　B. 固定资产盘盈

C. 退休职工工资　　D. 捐赠支出

E. 非常损失造成材料盘亏

9. 下列属于期间费用的项目是（　　）。

A. 银行存款利息　　B. 银行借款利息

C. 退休职工工资　　D. 管理人员工资

E. 公益救济性捐赠

10. 期间费用包括的项目有（　　）。

A. 制造费用　　B. 生产成本

C. 财务费用　　D. 管理费用

E. 销售费用

11. 利润总额的构成因素是（　　）。

A. 营业外收入　　B. 营业外支出

C. 营业利润　　D. 其他业务成本

E. 其他业务收入

12. 营业利润的构成因素是（　　）。

A. 营业收入　　B. 营业成本

C. 期间费用　　D. 税金及附加

E. 投资收益

13. 期末应结转入“本年利润”账户贷方的有（　　）。

A. 预收收入　　B. 产品销售收入
C. 其他业务收入　　D. 投资收益
E. 营业外收入

14. 材料采购成本包括（　　）。
A. 材料买价　　B. 采购费用
C. 管理费用　　D. 整理挑选费
E. 增值税进项税额

15. 材料采购费用主要包括（　　）。
A. 材料买价　　B. 运杂费
C. 整理挑选费　　D. 增值税进项税额
E. 途中保险费

16. 不单独设置“预付账款”账户时，“应付账款”账户贷方记录的内容为（　　）。
A. 预付账款的支付　　B. 预付账款抵付材料价款
C. 应付账款的发生　　D. 应付账款的偿还
E. 应收账款的交付

17. 按照制造成本法的要求，下列费用中应计入产品生产成本的有（　　）。
A. 直接材料　　B. 直接人工
C. 制造费用　　D. 管理费用
D. 财务费用

18. 下列费用项目中，属于制造费用的有（　　）。
A. 共同生产工人工资　　B. 车间固定资产折旧
C. 车间办公费　　D. 车间水电费
E. 消耗性材料

19. 销售价款结算业务所使用的结算账户有（　　）。
A. 应收账款　　B. 应付账款
C. 预收账款　　D. 应交税费
E. 应收票据

20. 其他业务收入包括（　　）。
A. 材料销售收入　　B. 技术转让收入
C. 固定资产出租　　D. 包装物出租收入
E. 出租专利权收入

21. 下列各项中，不通过“固定资产清理”科目核算的有（　　）。
A. 盘亏的固定资产　　B. 出售的固定资产
C. 报废的固定资产　　D. 包装物出租收入
E. 盘盈的固定资产

22．下列各项科目，年末应无余额的有（　　）。

A．所得税费用　　B．管理费用

C．销售费用　　D．财务费用

E．长期待摊费用

23．下列各项费用中，应计入企业销售费用的有（　　）。

A．咨询费　　B．业务招待费

C．广告费　　D．展览费

E．运输费

24．下列各项中，影响营业利润的项目有（　　）。

A．已销商品成本　　B．原材料销售收入

C．出售固定资产净收益　　D．转让股票所得收益

E．出租固定资产收入

25．下列各科目中，年末应无余额的有（　　）。

A．其他应付款　　B．所得税费用

C．应交税费　　D．其他业务收入

E．其他业务成本

26．期末应结转入本年利润账户借方的有（　　）。

A．财务费用　　B．主营务业成本

C．其他业务成本　　D．其他业务收入

E．营业外支出

27．构成并影响营业利润的项目有（　　）。

A．营业成本　　B．税金及附加

C．投资收益　　D．管理费用和财务费用

E．营业外收支

28．下列费用中不应计入产品成本的有（　　）。

A．车间管理人员工资薪酬

B．企业行政管理部门设备计提折旧费用

C．工会经费

D．劳动保险费

E．退休人员工资

三、判断题

1．在我国各类企业的所有者权益的组成内容相同。（　　）

2．企业接受投资者的投资应按投出单位账面价值计价入账。（　　）

3．企业实际收到投资者的出资额大于应出资额时，应按照实际收到的金额记入实收资本账户。（　　）

4．按先进先出法确定的期末存货成本比较接近实际；按后进先出法计算的发出

存货的成本比较接近于现行成本。(注：后进先出已经取消) ( )

5. 为组织和管理企业生产发生的费用，期末应按一定标准分配计入产品生产成本。 ( )

6. 产品销售费用应以已售产品的数量或金额为标准进行分摊。 ( )

7. 主营业务利润和其他业务利润之和扣除期间费用即为本期营业利润。 ( )

8. 加权平均法是以实际成本作为计算存货成本的依据。 ( )

9. 企业向银行或其他金融机构借入的各种款项所发生的利息计入财务费用。 ( )

10. 车间固定资产修理费应计入制造费用。 ( )

11. 企业确认商品销售收入后发生的现金折扣，应在实际发生时计入财务费用。 ( )

12. 企业用盈余公积向投资者分配现金股利，不会引起留存收益总额的变动。 ( )

13. 企业在销售收入确认之后再发生的销售折让，应该在实际发生时冲减当期已经确认的收入。 ( )

14. “累计摊销”账户属资产类，其账户余额应在借方。 ( )

15. 财务费用是为了筹集业务而发生的，应该计入成本。 ( )

16. “累计折旧”账户属资产类，其账户余额应在借方。 ( )

17. 因材料采购而发生的预付货款，支付是不能计入材料采购成本。 ( )

18. 一切产品生产费用均应在发生时记入“产品生产成本”账户。 ( )

19. 产品销售收入是指销售产品实际收到的收入。 ( )

20. 预收收入在收款时应确认为产品销售收入。 ( )

四、业务题

练习一

(一) 目的：练习资金筹集业务的核算。

(二) 要求：根据资料编制相应的会计分录。

(三) 资料：某企业发生的经济业务如下：

1. 某企业收到某单位投入的现金 100 000 元，已收妥。

2. A 单位投入原材料 50 吨，原单价为 1 000 元，双方协议单价为 1 100 元。

3. 企业收到某单位投入专利一项，评估价为 60 000 元。

4. 收到某企业投入的机器一台，原价 50 000 元，已提折价 10 000 元，双方协议作价为 40 000 元。

5. 收到海外华人投入的汽车两辆，评估价值 200 000 元。

6. S 公司由甲、乙、丙三个企业合资创办，现按 40%、25%、35% 的比例追加投资 1 000 000 元，实际收到甲出资额 400 000 元，乙出资额 250 000 元，丙出资额

350 000 元，全部收妥存入银行。

7. 某股份有限公司经批准发行股票 200 000 股，每股面值 10 元，现已全部售出，其款项存入银行。

8. 某股份有限公司经批准发行普通股 100 000 股，每股面值 50 元，每股售价 55 元，股票全部售出，款项已存银行。

练习二

（一）目的：练习材料采购成本的计算。

（二）要求：根据资料分别计算甲、乙、丙三种材料的采购总成本和单位成本，共同性采购费用按购进材料的重量比例分摊。

（三）资料：购进甲、乙、丙材料一批，有关资料如下：

	重量	单价	买价	运输费
甲材料	2.5 吨	1 250 元	3 125 元	50 元
乙材料	1.8 吨	1 000 元	1 800 元	30 元
丙材料	0.7 吨	1 500 元	1 050 元	10 元
合计	5 吨	/	5 975 元	90 元

以上三种材料同车从车站运回仓库，支付搬运费 36 元，另支付丙材料检验费 5 元。根据以上条件分别计算甲、乙、丙材料采购总成本和单位成本。

练习三

（一）目的：练习采购业务的核算和材料采购成本的计算。

（二）要求：

1. 根据下述经济业务内容编制会计分录，运费、装卸搬运费按材料重量的比重分摊计入。

2. 登记“材料采购”总账和明细账。

3. 根据材料采购明细分类账户的资料编制材料采购成本计算表。

（三）资料：某企业 2018 年 3 月份发生下列材料采购业务：

①购进甲材料 5 吨，单价 1 200 元，运费 600 元。材料价款及运费合计 6 600 元，以银行存款支付。

②从 M 公司购进甲材料 3 吨，单价 1 200 元，购进乙材料 2 吨，单价 1 000 元，M 公司为本单位代垫上述材料运费 500 元（运费按材料重量比例分摊），材料已到，价款及运费暂时拖欠。

③以银行存款 5 000 元预付供应单位 S 公司丙材料购料款。

④从供应单位 A 购进甲材料 8 吨，单价 1 200 元，A 单位代垫运费 400 元。材料已到，以银行存款 8 000 元偿还价款及运费，余额 2 000 元，开出本单位承兑的商业汇票一张（面额 2 000 元）抵付。

⑤以现金支付甲材料检验费 47 元。

⑥从供应单位 S 公司购进丙材料 4 吨，单价 800 元，S 公司代垫运费 100 元。价款及代垫运费以原预付款（见业务 3）抵付。

⑦以银行存款偿还欠 M 公司货款之一部分（见业务 2），计 4 000 元。

⑧向供应单位 B 购进丙材料 3.25 吨，发票开列价款 2 600 元，开出商业汇票一张（2 600 元）抵付。

⑨以现金 20 元支付上项材料运费。

⑩以上材料验收入库。计：甲材料 15.9 吨，乙材料 2 吨，丙材料 4 吨。计算转入库材料实际采购成本。

练习四

（一）目的：练习制造费用的分配和结转。

（二）要求：根据资料归集本期制造费用，并按生产工人工资的比例计算分配 A、B 产品应负担的制造费用。（A 产品工人工资 13 000 元，B 产品工人工资 12 000 元）

（三）资料：某企业本期发生下列费用：

①车间领用消耗性材料，价值 800 元；

②车间辅助工人工资 900 元，车间管理人员工资 1 200 元；

③车间固定资产折旧 1 700 元，厂部固定资产折旧 700 元；

④本月应摊销无形资产 1 000 元；

⑤以银行存款 1 300 元支付租入车间机器设备的租金（前三月已预提 1 200 元）；

⑥以银行存款 1 400 元支付水电费，其中车间应负担 800 元，厂部应负担 600 元。

练习五

（一）目的：练习日常销售业务的核算。

（二）要求：根据资料编制会计分录。

（三）资料：某企业 2018 年 3 月发生下列经济业务：

①D 单位送来转账支票一张（面额 8 000 元）作为购买 8 件本厂子产品的预付货款，当即送存银行。

②出售 2 件子产品给 E 单位，单位售价 1 300 元，并以存款为 E 单位代垫运费 80 元，约定付款期 40 天，若 10 天内付款则给 E 单位折扣 5%。

③出售丑产品 10 件给 F 单位，单位售价 900 元，计价款 9 000 元，收存银行。

④出售丑产品 15 件给 S 公司，单位售价 900 元，S 公司当即交来现金 12 000 元，余额暂欠。

⑤按合同向 D 单位发出销售子产品 8 件，价款 10 400 元，D 单位除以原预付款抵付 8 000 元（见业务 1）外，余额暂欠。

⑥出售给 F 单位的 10 件丑产品（见业务 3），经 F 单位验收，发现 1 件不合格，原货退回，当即退还现金 900 元。

⑦M 公司开出商业汇票一张（面额 9 500 元）向本厂买子产品 10 件，收到商业汇票后，本厂当即发货。已由 M 公司提走。

⑧E 单位在购买子产品后第九天送来转账支票一张（面额 2 550 元）支付所欠货款（见业务 2），折扣已按约定扣除。

⑨子、丑产品销售领用包装材料 620 元。

⑩现金支付产品销售的装卸费 280 元。

⑪收到 S 公司所欠货款 1 500 元（见业务 4），送存银行。

⑫以银行存款 5 000 元支付产品广告宣传费。

练习六

（一）目的：练习产品销售成本的计算和结转。

（二）要求：

1. 采用先进先出法计算产品的销售成本。

2. 根据计算的结果，编制结转分录。

（三）资料：某企业 2018 年 5 月 A 产品的收、发、存有关资料如下表：

产品	摘要	收入			发出			结存		
		数量（件）	单位成本（元）	金额（元）	数量（件）	单位成本（元）	金额（元）	数量（件）	单位成本（元）	结存（元）
子产品	期初库存							41	600	24 600
	盘亏 1 件				1	600		40		
	完工入库	100	627	62 700				140		
丑产品	期初库存							180	500	90 000

分析下列结转业务，并编制会计分录：

①本月制造费用总额 13 600 元，按子、丑产品生产工人工资分配结转。（其中子产品生产工人工资 8 000 元，丑产品生产工人工资 9 000 元）

②计算结转完工子产品 100 件的生产成本：

子产品期初余额 36 300 元，本期生产费用总额 49 600 元（不包括制造费用），期末在产品成本 29 600 元。

③本月销售子产品 120 件，丑产品 140 件。

练习七

（一）目的：练习利润分配的计算和核算。

（二）要求：

1. 根据资料计算：

（1）本期应纳所得税；

（2）本期应提盈余公积；

（3）应付股利；

（4）年末未分配利润。

2. 根据计算结果编制利润分配和结转的会计分录。

（三）资料：

大通股份有限公司2018年度实现的利润为50 000 000元。所得税税率为25%。股东代表大会通过如下利润分配方案：①提取10%的税后利润作为法定盈余公积，5%的税后利润作为任意盈余公积金；②每10股普通股派发0.30元的现金股利，共计12 000 000元；③本年度用盈余公积金2 000 000元转增股本，已办妥相关手续。

五、案例分析

红星有限公司存货计价业务

红星有限公司设有两个业务部门：饮食机械销售部和机械零件加工部。两部门对发出的存货均采用后进先出法计价。因销售业务不景气，拟将计价方法改为先进先出法，以改善公司经营业绩。

机械零件加工部所面临的问题是：钢、铁、铜等原材料价格大幅上涨，现已停工两个月。所幸库存零部件存货较充足，短期内可满足销售之需。

饮食机械销售部的主要问题是：销售数额大幅下降。若按后进先出法计价，其年底存货余额为650 000元；若按先进先出法计价，年底存货余额为700 000元。

案例要求：

1. 机械零件加工部已停工两个月，存货越来越少。对存货计价采用后进先出法，其销售成本是否仍然偏低？为什么？这对今后存货的重置能力有何影响？

2. 若公司所得税税率为25%，将饮食机械销售部的存货计价改为先进先出法，对其纳税有何影响？对税后利润有何影响？

3. 该公司改变存货计价方法有何利弊？

练习题参考答案

一、单项选择题

1. D　2. B　3. B　4. D　5. D　6. B　7. A　8. A　9. A　10. C
11. C　12. C　13. A　14. C　15. A　16. A　17. B　18. D　19. A　20. D
21. C　22. C　23. A　24. C　25. B　26. D　27. D　28. D　29. B　30. C
31. C　32. C　33. D　34. A　35. B　36. C　37. A　38. C　39. C　40. C
41. A　42. A　43. B　44. C

二、多项选择题

1. AB　2. BD　3. ACDE　4. ABD　5. BCDE　6. CE
7. CD　8. CD　9. ABC　10. ADE　11. ACD　12. BCDE
13. BC　14. CDE　15. CD　16. CDE　17. ABE　18. BCD

19. BCD　20. ABC　21. ACE　22. BD　23. ACD　24. ABDE
25. ABC　26. AC　27. AC　28. ABCD　29. ACDE　30. BC
31. BCD　32. ABD　33. BCD　34. AD　35. BCD　36. ABC
37. ABE　38. ABD　39. BDE　40. DE　41. ABCD　42. ABC

三、判断题

1. ×　2. ×　3. ×　4. √　5. √　6. √　7. ×　8. ×　9. ×　10. ×
11. ×　12. ×　13. ×　14. ×　15. √　16. √　17. √　18. √　19. √　20. ×

四、问答题（略）

五、业务题

练习一

1. 计算独资企业中的有关数据如下：

甲企业的营业收入
=本年净收益+管理费用
=(年末业主权益+本年提回资本-本年投入资本-年初业主权益)+管理费用
=（13 500-3 000）+900-3 150-（15 000-6 000）+4 950
=4 200（元）

乙企业的负债（年末）
=年末资产-年末业主权益
=135 000-［（105 000-15 000）+27 000-15 000+52 500-40 500］
=21 000（元）

丙企业本年度投入资本
=年末业主权益+本年提回资本-年初业主权益+管理费用-营业收入
=（172 500-36 000）+9 000-（150 000-36 000）+46 500-70 500
=7 500（元）

丁企业的年初资产
=年初负债+年初业主权益
=67 500+（330 000-52 500）+9 000-97 500-183 000+136 500
=210 000（元）

2. 编制会计分录如下：

①借：银行存款	500 000	
贷：实收资本——A		500 000
②借：银行存款	200 000	
原材料	400 000	
固定资产	400 000	
贷：实收资本——B		1 000 000

③借：固定资产 500 000
　贷：实收资本——N 500 000
④借：无形资产 210 000
　贷：实收资本——M 210 000
⑤借：银行存款 500 000
　贷：短期借款 500 000
⑥借：资本公积 210 000
　贷：实收资本——A 70 000
　　实收资本——B 140 000
⑦借：银行存款 7 500 000
　贷：股本——普通股 5 000 000
　　资本公积 2 500 000

练习二

1. 分配共同性采购费如下：

分配率 = 550/（500 + 800 + 700） = 0. 275（元/千克）

A 材料应分摊的采购费 = 500 × 0. 275 = 137. 5（元）

B 材料应分摊的采购费 = 800 × 0. 275 = 220（元）

C 材料应分摊的采购费 = 700 × 0. 275 = 192. 5（元）

2. 计算各种材料的采购成本如下：

A 材料采购总成本 = 500 × 20 + 120 + 137. 5 = 10 257. 5（元）

单位成本 = 10 257. 5/500 = 20. 515（元）

B 材料采购总成本 = 800 × 15 + 80 + 220 = 12 300（元）

单位成本 = 12 300/800 = 15. 375（元）

C 材料采购总成本 = 700 × 12 + 192. 5 = 8 592. 5（元）

单位成本 = 8 592. 5/700 = 12. 275（元）

练习三

1. 各种产品应分摊的制造费用的计算如下：

分配率 = 35 000/（5 000 + 12 000 + 8 000） = 1. 4

A 产品应负担的制造费用 = 5 000 × 1. 4 = 7 000（元）

B 产品应负担的制造费用 = 12 000 × 1. 4 = 16 800（元）

C 产品应负担的制造费用 = 8 000 × 1. 4 = 11 200（元）

编制会计分录如下：

借：生产成本——A 7 000
　　　——B 16 800
　　　——C 11 200

　　贷：制造费用　　35 000

2. 本月制造费用的小时分配率的计算如下：

$$\frac{子产品分摊费用}{丑产品分摊费用}=\frac{子产品工时}{丑产品工时}$$

子产品工时 =（子产品分摊费用 × 丑产品工时）/丑产品分摊费用

= （18 000 ×3 000）/（42 000 − 18 000）

=2 250（小时）

小时分配率 = 制造费用总额/子、丑产品耗用工时总额

=42 000/（2 250 +3 000）

=8（元/小时）

练习四

本期完工产品的总成本及单位成本计算如下：

完工子产品总成本 =27 800 +4 000 +7 500 +7 500 ×14% +（8 640/21 600）×7 500 − 6 370

=36 980（元）

完工产品的单位成本 =36 980/（16 +8 −4） =1 894（元）

借：库存商品——子产品　　36 980

　　贷：生产成本——子产品　　36 980

练习五

编制会计分录如下：

①借：银行存款　　13 000

　　贷：预收账款　　13 000

②借：银行存款　　20 000

　　贷：主营业务收入——M　　20 000

③借：银行存款　　10 000

　　贷：预收账款　　10 000

④借：销售费用　　2 500

　　贷：银行存款　　2 500

⑤借：销售费用　　4 500

　　贷：原材料　　4 500

⑥借：应收账款　　8 000

　　贷：主营业务收入　　8 000

⑦借：应收账款　　9 200

　　贷：主营业务收入——M　　4 000

　　　　　　　　　　——N　　5 000

　　　　银行存款　　200

⑧借：应收票据　　12 500
　　贷：主营业务收入——N　　12 500
⑨借：预收账款　　10 000
　　贷：主营业务收入——N　　10 000
⑩借：预收账款　　13 000
　　　应收账款　　200
　　贷：主营业务收入——M　　13 200
　借：应收账款　　300
　　贷：银行存款　　300
⑪借：银行存款　　7 600
　　　财务费用　　400
　　贷：应收账款——M　　8 000
⑫借：主营业务收入——M　　2 000
　　贷：银行存款　　2 000

练习六

编制会计分录如下：
①借：银行存款　　11 500
　　贷：应收账款　　11 500
②借：应收票据　　12 000
　　贷：应收账款　　12 000
③借：应收票据　　5 200
　　贷：其他业务收入　　5 200
④借：其他业务成本　　4 800
　　贷：原材料　　4 800
⑤借：其他业务成本　　32
　　贷：库存现金　　32
⑥借：应交税费　　14 000
　　贷：银行存款　　14 000
⑦借：银行存款　　18 800
　　　财务费用　　1 200
　　贷：应收票据　　20 000
⑧借：银行存款　　44 000
　　贷：应收票据　　40 000
　　　　财务费用　　4 000
⑨借：应收账款　　15 000
　　贷：应收票据　　15 000

⑩借：财务费用　　120
　贷：银行存款　　120
⑪借：银行存款　　2 800
　贷：财务费用　　2 800
⑫借：财务费用　　1 500
　　应收利息　　3 000
　贷：银行存款　　4 500
⑬借：银行存款　　12 000
　贷：预收账款　　12 000
⑭借：长期借款　　50 000
　贷：银行存款　　50 000
⑮借：管理费用　　5 000
　贷：银行存款　　5 000
⑯借：银行存款　　500
　贷：其他业务收入　　500
⑰借：固定资产清理　　12 000
　　累计折旧　　48 000
　贷：固定资产　　60 000
借：银行存款　　3 000
　贷：固定资产清理　　3 000
借：固定资产清理　　2 100
　贷：银行存款　　2 100
⑱借：营业外支出　　11 100
　贷：固定资产清理　　11 100

练习七

1. 本月实现的利润 =225 000 − 160 000 − （2 100 +1 700） − 225 000 ×4.5% + （2 500 +3 000 +1 500 +350 − 2 100 − 240） − 28 000 − （22 000 − 1 800） +1 200 + 1 300 − （3 400 +200） + （5 200 +25 000） =36 985（元）

2. 期末各损益账户的余额如下表：

账户名称	借方	贷方
主营业务收入		225 000
其他业务收入		7 350
投资收益		30 200
资产处置收益		1 200
营业外收入		1 300

表(续)

账户名称	借方	贷方
主营业务成本	160 000	
销售费用	3 800	
税金及附加	10 125	
其他业务成本	2 340	
管理费用	28 000	
财务费用	20 200	
营业外支出	3 600	

3. 结转各损益账户，并作如下会计分录：

①借：本年利润 228 065
　　贷：主营业务成本 160 000
　　　　销售费用 3 800
　　　　税金及附加 10 125
　　　　其他业务成本 2 340
　　　　管理费用 28 000
　　　　财务费用 20 200
　　　　营业外支出 3 600

②借：主营业务收入 225 000
　　　　其他业务收入 7 350
　　　　投资收益 30 200
　　　　营业外收入 2 500
　　贷：本年利润 265 050

练习八

1. 根据资料计算利润分配的有关数据如下：

（1）本期应纳所得税 =3 000 000 ×25% =750 000（元）

（2）本期应提盈余公积 =（3 000 000 −750 000）×10% =225 000（元）

（3）年末未分配利润总额

=500 000 +（3 000 000 −750 000 −225 000 −500 000）=2 025 000（元）

2. 编制会计分录如下：

①借：所得税费用 750 000
　　贷：应交税费——应交所得税 750 000

②借：利润分配——提取盈余公积 225 000
　　贷：盈余公积 225 000

③借：利润分配——应付利润 500 000
　　贷：应付利润 500 000

④借：利润分配——未分配利润	725 000	
贷：利润分配——提取盈余公积		225 000
——应付利润		500 000
⑤借：本年利润	2 025 000	
贷：利润分配——未分配利润		2 025 000

自测题参考答案

一、单项选择题

1. C　2. B　3. A　4. D　5. B　6. B　7. C　8. D　9. C　10. C
11. D　12. B　13. B　14. D　15. B　16. C　17. D　18. A　19. A　20. B
21. D　22. B　23. D　24. D　25. A　26. B　27. C　28. C　29. D　30. C
31. B　32. B　33. D　34. C

二、多项选择题

1. ABCE　2. ABCD　3. BE　4. BCE　5. ACD　6. ACE
7. CDE　8. ADE　9. BCD　10. CDE　11. ABC　12. ABCD
13. BCDE　14. AB　15. BCE　16. BC　17. ABC　18. ABCDE
19. ACE　20. ACDE　21. ADE　22. ABCD　23. CD　24. ABDE
25. BDE　26. ABCE　27. ABCD　28. BCDE

三、判断题

1. ×　2. ×　3. ×　4. ×　5. ×　6. ×　7. ×　8. √　9. ×　10. ×
11. √　12. ×　13. √　14. ×　15. ×　16. ×　17. √　18. ×　19. ×　20. ×

四、业务题

练习一

编制会计分录如下：

①借：库存现金（或：银行存款）	100 000	
贷：实收资本——某单位		100 000
②借：原材料	55 000	
贷：实收资本——A 单位		55 000
③借：无形资产	60 000	
贷：实收资本——某单位		60 000
④借：固定资产	40 000	
贷：实收资本		40 000
⑤借：固定资产	200 000	
贷：实收资本		200 000
⑥借：银行存款	1 000 000	
贷：实收资本——甲		400 000

——乙　　250 000
——丙　　350 000
⑦借：银行存款　　2 000 000
　贷：股本　　2 000 000
⑧借：银行存款　　5 500 000
　贷：股本　　5 000 000
　　资本公积　　500 000

练习二

共同采购费分摊率：36/5 =7.2（元/吨）

分摊额：甲：2.5 ×7.2 =18（元）

乙：1.8 ×7.2 =12.96（元）

丙：0.7 ×7.2 =5.04（元）

总成本	单位成本
甲：3 125 +50 +18 =3 193（元）	3 193/2.5 =1 277.2（元/吨）
乙：1 800 +30 +12.96 =1 842.96（元）	1 842.96/1.8≈1 023.87（元/吨）
丙：1 050 +10 +5 +5.04 =1 070.04（元）	1 070.04/0.7≈1 528.63（元/吨）

练习三

①借：材料采购——甲材料　　6 600
　贷：银行存款　　6 600
②借：材料采购——甲材料　　3 900
　　——乙材料　　2 200
　贷：应付账款　　6 100
③借：预付账款　　5 000
　贷：银行存款　　5 000
④借：材料采购——甲材料　　10 000
　贷：银行存款　　8 000
　　应付票据　　2 000
⑤借：材料采购——甲材料　　47
　贷：库存现金　　47
⑥借：材料采购——丙材料　　3 300
　贷：预付账款　　3 300
⑦借：应付账款　　4 000
　贷：银行存款　　4 000
⑧借：材料采购——丙材料　　2 600
　贷：应付票据　　2 600

⑨借：材料采购——丙材料　　20
　贷：库存现金　　20
⑩借：原材料——甲材料　　20 547
　　　　——乙材料　　2 200
　　　　——丙　　5 900
　贷：材料采购——甲材料　　20 547
　　　　　——乙材料　　2 200
　　　　　——丙材料　　5 900

练习四

1.（1）本期制造费用总额 = 800 + 900 + 1 200 + 1 700 + 100 + 800 = 5 500（元）

（2）分配率 = 5 500/（13 000 + 12 000）= 0.22

（3）A 产品应分摊的制造费用 = 13 000 × 0.22 = 2 860（元）

B 产品应分摊的制造费用 = 12 000 × 0.22 = 2 640（元）

练习五

①借：银行存款　　8 000
　贷：预收账款　　8 000
②借：应收账款　　2 680
　贷：主营业务收入　　2 600
　　银行存款　　80
③借：银行存款　　9 000
　贷：主营业务收入　　9 000
④借：库存现金　　12 000
　　应收账款　　1 500
　贷：主营业务收入　　13 500
⑤借：预收账款　　8 000
　　应收账款　　2 400
　贷：主营业务收入　　10 400
⑥借：主营业务收入　　900
　贷：库存现金　　900
⑦借：应收票据　　9 500
　贷：主营业务收入　　9 500
⑧借：银行存款　　2 550
　　财务费用　　130
　贷：应收账款　　2 680
⑨借：销售费用　　620
　贷：原材料　　620

⑩借：销售费用　　280

　贷：库存现金　　280

⑪借：银行存款　　1 500

　贷：应收账款　　1 500

⑫借：销售费用　　5 000

　贷：银行存款　　5 000

练习六

1. 子产品应分配的制造费用＝13 600/（8 000＋9 000）×8 000＝6 400（元）

丑产品应分配的制造费用＝13 600/（8 000＋9 000）×9 000＝7 200（元）

借：生产成本——子　　6 400

　　　　——丑　　7 200

　贷：制造费用　　13 600

2. 本期完工产品的总成本＝36 300＋(49 600＋6 400)－29 600＝62 700（元）

单位成本＝62 700/100＝627（元）

借：产成品——子　　62 700

　贷：生产成本——子　　62 700

3. 已销子产品成本＝40×600＋80×627＝74 160（元）

已销丑产品成本＝140×500＝70 000（元）

借：主营业务成本——子　　74 160

　　　　　　——丑　　70 000

　贷：产成品——子　　74 160

　　　　——丑　　70 000

练习七

1.（1）本期应纳所得税＝50 000 000×25%＝1 250（万元）

（2）本期应提盈余公积＝（5 000－1 250）×15%＝562.5（万元）

（3）应付股利＝12 000 000（元）

（4）年末未分配利润＝5 000－1 250－562.5－1 200＝1 987.5（万元）

2. 编制会计分录如下：

（1）借：所得税费用　　12 500 000

　　贷：应交税费——应交所得税　　12 500 000

（2）借：本年利润　　12 500 000

　　贷：所得税费用　　12 500 000

（3）借：利润分配——提取盈余公积　　5 625 000

　　　　　——应付股利　　12 000 000

　　贷：盈余公积　　5 625 000

　　　　应付股利　　12 000 000

(4) 借：利润分配——未分配利润　　17 625 000
　　贷：利润分配——提取盈余公积　　5 625 000
　　　　　　　　——应付股利　　12 000 000

(5) 借：本年利润　　37 500 000
　　贷：利润分配——未分配利润　　37 500 000

(6) 借：盈余公积　　2 000 000
　　贷：股本　　2 000 000

五、案例分析

案例提示：

1．存货计价采用后进先出法，销售成本仍然偏低。其原理是：该公司没有新的产品入库，所以不得不将库存成本较低的存货成本结转出去，实质上是发生了存货的清算。由于原材料价格上涨，重新投入生产其成本显然要比以前高很多，今后存货的重置能力会受到很大的负面影响，甚至该公司无法进行存货的重置。

2．若按后进先出法计价，其年底存货余额为 650 000 元；若按先进先出法计价，年底存货余额为 700 000 元。如果存货计价方法由后进先出法改为先进先出法，根据期末存货与本期利润成正比的规律，将会导致当期毛利上升 50 000 元，当期多缴纳所得税 12 500 元，当期净利润增加 37 500 元。如下表所示。

	期末存货	差额	毛利	所得税	净利润
后进先出法	650 000	–	–	–	–
先进先出法	700 000	50 000	50 000	12 500	37 500

3．利弊分析（见下表）：

利	弊
增加当期利润，增加获得贷款的机会	增加当期所得税费用
账面资产数额充足	降低将来存货购置能力
增加股东分红和经营者的收入	将风险转移到后来
–	虚增当期利润

第四章
期末账项调整

第一部分　学习指导

一、学习目标和要求

本章首先分析了期末账项调整的原因、依据和内容；然后具体介绍了权责发生制和收付实现制两种不同的会计处理基础，在收入、费用确认等方面的差异。本章以权责发生制为例，具体介绍了如何按照权责发生制的要求，确认本期收入、本期费用以及如何对企业需要进行账项调整的业务，运用借贷记账法的基本原理予以处理。

学习目标与要求：

（1）了解期末账项调整的原因、依据和内容，搞清权责发生制和收付实现制两种不同的会计处理基础对确定经营成果的影响；

（2）了解本期收入、本期费用的含义及其构成，并能正确设置和运用有关账户进行收入、费用等调整业务的账务处理。

二、本章主要内容导图（图4－1）

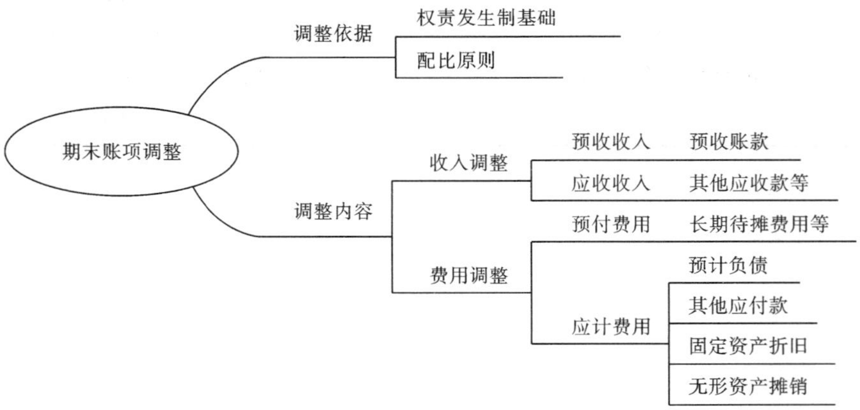

图4－1　期末账项调整

三、学习方法

期末账项调整业务无论是理论上，还是实务上都有一定的难度，在学习本章时注意从以下几个方面把握其重点：

（1）认真阅读教材，把握各章节之间的内在联系。

本章应结合前面各章的相关内容进行学习，才能全面掌握知识点。首先从理论上搞清期末账项调整的原因和依据、两种会计处理基础对企业经营成果有什么影响，从而更深入地理解会计核算前提条件的具体运用；其次，应搞清期末账项调整业务的具体内容和调整方法；最后，通过习题，运用相关的理论具体地进行期末账项调整业务的会计处理。

（2）掌握期末账项调整的内容和调整方法。

在学习期末账项调整业务时，运用比较的方法有助于深入地掌握相关内容，例如应收收入和预收收入、预付费用和应计费用在性质上有何差异，核算这些业务的会计账户在结构上又存在哪些区别，资本性支出如何按照受益期调整为各期的费用，特别注意“累计折旧”“累计摊销”账户在结构上的特殊性，通过比较可以深入地了解它们之间的关系，从而正确地运用这些账户处理账项调整的相关业务。

四、应掌握的主要内容

（一）基本概念

期末账项调整　　会计基础　收付实现制　权责发生制

（二）期末账项调整的目的和依据

会计期末，将会计账簿日常记录的收入和费用调整为本期的收入和费用的会计处理程序，称为账项调整。账项调整的目的，是为了正确地划分相邻会计期间的收入和费用，使报告期的全部收入和全部成本与费用相匹配，以便正确地计算并考核各期的财务成果。

持续经营和会计分期是会计核算的两个前提条件，在此前提下，要求企业会计核算遵循权责发生制原则，以合理地确定各会计期间的收入和费用，进而正确计算各期损益。为了达到这一目的，在会计期末，就需要在日常账务处理的基础上，按收入、费用的归属期进行账项调整。

（三）两种不同的会计基础

会计基础是指确定收入和费用归属期间的标准，亦称记账基础。会计分期给期间损益的确定带来了新的问题，由此产生了收付实现制和权责发生制两种会计基础。这两种不同的处理基础对经营成果会产生不同的影响。两者的主要区别表现在以下几个方面：

1．确认的标准

收付实现制是以货币资金的实际收付为标准来计算确定本期收益和费用的一种

方法。在收付实现制下，货币资金收付行为在其发生期间，全部记作收入和费用，而不考虑与货币资金收付行为相连的经济业务实质上是否发生。因此，凡在本期收到的收入和付出的费用，不论是否属于这一会计期间，都作为本期的收入和费用处理；相反，凡在本期未收到的收入和支付的费用，即使属于本期，也不作为本期的收入和费用处理。

权责发生制是以权力责任的发生来决定收入、费用的归属期间。凡应属本期的收入、费用，不论是否实际收到或付出，均应作为本期的收入、费用处理。

2. 账务处理

收付实现制将本期实际收到的款项作为收入入账，对本期实际支付的款项作为费用入账，期末不存在账项调整的问题。

权责发生制将已收到而尚未实现的收入作为负债入账；对已支付尚未发生的费用，作为资产入账。期末再根据归属标准进行账项调整。

3. 对经营成果的影响

（1）在企业的经营活动中，当收入和费用等经济业务的发生与货币资金收付行为的期间一致，不论是采用收付实现制，还是权责发生制，会计处理的结果都是一样的。

（2）在企业的经营活动中，如果收入和费用等经济业务的发生与货币资金收付行为的期间不一致，由于两种会计基础的确认标准不同，就会产生不同的经营成果。

4. 优缺点及适用范围

采用收付实现制，其核算手续比较简单，但不能准确地计算企业的各期损益。因此，它只适用于业务比较简单或不计算损益的行政、事业等非营利性单位。

采用权责发生制，其核算手续比较复杂，但按照权责发生制的要求所进行的收入和费用的核算，能够更加准确地反映特定会计期间真实的财务状况和经营成果。

（四）收入、费用的账项调整

1. 收入的账项调整

收入的账项调整包括预收收入和应收收入。预收收入和应收收入性质不同，分别通过“应收收入（或其他应收款）”“预收收入（或预收账款）”账户进行核算。预收收入是已经收到，尚未实现的收入，故收到时作为负债入账，记入“预收收入（或预收账款）”账户的贷方，期末将已确认为本期实现的收入部分，借记“预收收入（或预收账款）”账户，贷记有关收入账户。应收收入是已经实现但尚未收到的收入，日常账务处理时，未作记录，期末确认时，补记入账。借记“应收收入（或其他应收款）”账户，贷记“有关收入”账户。

2. 费用的账项调整

费用的账项调整包括预付费用和应计费用的账项调整。预付费用和应计费用的性质不同，分别通过“长期待摊费用（或直接计入损益）”“应付利息”等账户进行核算。预付费用是已经支付但尚未实现的费用，支付时作为资产（如长期待摊费用）入账，期末已确认为本期费用的部分，借记有关费用、成本账户，贷记“长期待摊费用”账户。应计费用主要是应属本期但尚未支付的费用，这些费用在日常账户处理中未作记录，期末确认时应将其补记入账，借记有关费用、成本账户，贷记“应付利息（或其他应付款）”账户。

在进行费用账项调整时，还应注意日常账务处理时发生的各项资本性支出，如购置固定资产、无形资产、长期待摊费用的支出。这些支出期末应按其受益期，转作各期的费用。

第二部分　练习题、自测题及参考答案

练习题

一、单项选择题

1. 以款项的收入、支出是否实际收到或付出为标准计算本期收益的记账基础是（　　）。

A. 权责发生制　B. 收付实现制　C. 实地盘存制　D. 永续盘存制

2. 一台机器原值 60 000 元，预计净残值 6 000 元，使用期限 10 年，采用直线法计提折旧，第五年底，该固定资产的净值为（　　）元。

A. 33 000　B. 27 000　C. 43 800　D. 38 400

3. 企业按月计提车间固定资产折旧时，应贷记（　　）。

A. 制造费用账户　B. 管理费用账户

C. 生产成本账户　D. 累计折旧账户

4. 无形资产的价值从开始使用之日起，在有效使用期内平均摊销，摊销的费用记入（　　）。

A. 生产成本账户　B. 制造费用账户

C. 管理费用账户　D. 无形资产账户

5. 以银行存款预付 1～6 月的仓库租金 1 200 元，按照权责发生制的要求，应计入 1 月份的管理费用是（　　）元。

A. 1 200　B. 600　C. 300　D. 200

6. 收到 1～3 月出租包装物的租金 900 元，按照收付实现制的要求，应计入 1 月份的收入是（　　）元。

A. 900　B. 300　C. 450　D. 2 700

7. 本期应分摊上季度已支付的报刊费，这笔业务属于（　　）。

A. 供应过程的业务　B. 期末账务调整的业务

C. 期末账项结转的业务　D. 生产过程的业务

8. 2018 年 1 月 1 日收到某公司预付的全年租金 240 000 元，按权责发生制的要求，本月应确认的收入是（　　）。

A. 主营业务收入 24 万元　　B. 其他业务收入 24 万元

C. 主营业务收入 2 万元　　D. 其他业务收入 2 万元

9. 期末摊销车间生产工艺专利权的费用，应贷记的账户是（　　）。

A. 制造费用　B. 管理费用　C. 累计摊销　D. 累计折旧

10. 预收出租固定资产的租金这笔业务使企业（　　）。

A. 资产增加，同时负债减少　　B. 资产增加，同时收入增加

C. 所有者权益增加，同时费用减少　　D. 资产增加，同时负债增加

二、多项选择题

1. 期末账项调整业务的产生所依据的会计假设是（　　）。

A. 会计主体　B. 持续经营　C. 货币计量　D. 会计分期

E. 币值不变

2. 会计基础主要有（　　）。

A. 权责发生制　B. 谨慎性　C. 收付实现制　D. 实地盘存制

E. 永续盘存制

3. 期末收入账项调整的内容包括（　　）。

A. 应收收入的调整　　B. 其他业务收入的调整

C. 预收收入的调整　　D. 主营业务收入的调整

E. 营业外收入的调整

4. 期末账项调整的内容包括（　　）。

A. 应收收入和预售收入的调整　　B. 应付费用和预付费用的调整

C. 存货成本的调整　　D. 应计税金的调整

E. 无形资产的调整

5. 下列各项按照权责发生制要求设置的账户有（　　）。

A. 主营业务收入　　B. 其他业务收入

C. 营业外收入　　D. 预收收入

E. 应收收入

6. 本期支付的下列费用中，不能计入本期产品生产成本的有（　　）。

A. 预付仓库租金　　B. 广告费

C. 下季度报刊订阅费　　D. 无形资产的摊销

E. 购置固定资产价款

7. 期末摊销专利权 1 000 元，该项业务涉及的会计账户有（　　）。

A. 制造费用　B. 无形资产　C. 管理费用　D. 累计摊销

E. 累计折旧

8. 期末计提固定资产折旧，该项业务涉及的会计账户有（　　）。

A. 制造费用　B. 管理费用　C. 固定资产　D. 累计摊销

E．累计折旧

三、判断题

1．凡不是本期支付的费用，均不能计入本期产品的生产成本。（　）

2．本期生产过程中支付的费用均应计入本期产品成本。（　）

3．权责发生制是以收入、费用应归属的会计期间作为会计确认的时间基础。（　）

4．收付实现制是以收入、费用的实际收付时间作为会计确认的时间基础。（　）

5．权责发生制和收付实现制在期末都要进行账项调整。（　）

6．无形资产的摊销应记入无形资产账户的贷方。（　）

7．应计销售费用是一种支付在先、归属期在后的费用，是一种资产性质的已付未摊的费用。（　）

8．累计折旧账户与固定资产账户都是反映资产类要素的账户。（　）

9．累计摊销账户与无形资产账户的结构相反。（　）

10．在现销、现购的商品交易方式下，权责发生制和收付实现制的会计处理是不同的。（　）

四、问答题

1．划分会计期间有什么意义？

2．什么是会计处理基础？为什么会出现两种不同的会计处理基础？

3．什么是收付实现制？在这种会计处理基础上如何确认本期的收入和费用？

4．什么是权责发生制？在这种会计处理基础上如何确认本期的收入和费用？

5．试述收付实现制和权责发生制的异同。

6．为什么要进行期末账项调整？

7．有哪些类型的收入和费用需要进行期末账项调整？

8．应收收入和预收收入在账务处理上有什么区别？

9．怎样进行无形资产的账项调整？

10．列举一些著名商标，并说明其在什么情况下可以作为无形资产核算。

11．固定资产折旧的账务处理有什么特点？

五、业务题

练习一

（一）目的：掌握不同会计基础对经济业务进行账务处理的区别及其对经营成果的影响。

（二）要求：

1．根据权责发生制和收付实现制分别编制会计分录。

（三）资料：某企业 2018 年 6 月发生下列经济业务：

① 1 日，出售产品一批，价值 90 000 元，货款尚未收到。

②2 日，收到购买单位 A 预付款 36 000 元，款项已存入银行。

③15 日，以银行存款 1 000 元，预付本月的水电费。

④18 日，收到 6～8 月份出租固定资产的租金 2 700 元，款项已存入银行。

⑤25 日，收到上月出租包装物租金 180 元，款项已存入银行。

⑥30 日，本月应收银行存款利息 2 000 元。

⑦30 日，本月出租固定资产已满一月。应将本期预收租金收入的 1/3 转作本期收入（见业务④）。

⑧30 日，预提本月银行借款利息 12 000 元。

⑨30 日，本月应分摊劳动保险费 800 元。

⑩30 日，按规定税率计算本月应缴纳销售税金 4 500 元。

⑪30 日，以银行存款 2 000 元支付上月所欠税金。

⑫30 日，本月应收对外劳务收入 10 000 元。

⑬30 日，本月已售产品成本 50 000 元。

练习二

（一）目的：练习期末账项调整的业务。

（二）要求：根据资料编制会计分录。

（三）资料：某企业 2018 年 6 月发生下列经济业务：

①1 日，本月应提固定资产折旧 3 500 元。其中：生产车间应负担 2 500 元；企业管理部门应负担 1 000 元。

②本月应摊销专利技术费用 1 200 元。

③3 月份预收的第二季度的仓库租金 1 200 元，本月已实现收入 400 元。

④第二季度应付银行短期借款利息 1 300 元，4、5 两月已预提 1 000 元。

⑤本月应缴纳产品消费税 3 260 元。其中：M 产品应交纳税 2 160 元，N 产品应纳税 1 100 元。

练习三

（一）目的：掌握用不同会计基础进行账务处理的区别及其对经营成果的影响。

（二）资料：某企业本月份发生下列经济业务：

①支付上月电费 5 000 元；

②收回上月的应收账款 10 000 元；

③收到本月的营业收入款 8 000 元；

④支付本月的应负担的办公费 900 元；

⑤支付下季度保险费 1 800 元；

⑥应收业务收入 25 000 元，款项尚未收到；

⑦预收客户货款 5 000 元；

⑧负担上季度已经预付的保险费 600 元。

（三）要求：根据上述资料

①比较权责发生制与收付实现制的异同；

②通过计算说明它们对收入、费用和盈亏的影响；

③说明各有何优缺点。

自测题

一、单项选择题

1. 2018 年 1 月 1 日以银行存款 12 万元支付本年仓库租金，按权责发生制的要求，本月应记入费用的金额是（　　）。

A. 管理费用 1 万元　　B. 销售费用 12 万元

C. 管理费用 12 万元　　D. 营业费用 1 万元

2. 2018 年 1 月 1 日以银行存款 12 万元支付本年仓库租金，按收付实现制的要求，本月应计入费用的金额是（　　）。

A. 管理费用 1 万元　　B. 销售费用 12 万元

C. 管理费用 12 万元　　D. 营业费用 1 万元

3. 期末摊销企业商标权的费用，应记入的账户是（　　）。

A. 管理费用　　B. 销售费用　　C. 制造费用　　D. 财务费用

4. 在权责发生制下，预收下半年出租营业用房的租金应作为（　　）。

A. 应收收入　　B. 预收收入　　C. 其他业务收入　　D. 营业外收入

5. 以款项的收入、支出是否应属本期为标准计算本期损益的记账基础是（　　）。

A. 实地盘存制　　B. 永续盘存制　　C. 收付实现制　　D. 权责发生制

6. 以款项的实际收入和付出为标准计算本期损益的记账基础是（　　）。

A. 实地盘存制　　B. 永续盘存制　　C. 收付实现制　　D. 权责发生制

7. 长期待摊费用在摊销时，（　　）。

A. 企业资产减少，费用增加

B. 企业资产不变，费用增加

C. 企业一项资产增加，另一项资产减少

D. 企业一项费用增加，另一项费用减少

二、多项选择题

1. 以收付实现制为记账基础的会计核算的特点（　　）。

A. 不符合配比的要求

B. 期末不需要对账簿记录进行调整

C. 以现金的应付应收为标准划分收入和费用

D. 会计要素的划分与权责发生制不同

E. 以现金的实收实付为标准划分收入和费用

2. 关于“累计折旧”账户，下列说法正确的是（　　）。

A. 从反映的会计要素看，该项账户属于资产账户

B. 从反映的会计要素看，该项账户属于负债账户

C. 从账户结构看，该账户属于资产账户

D. 从账户结构看，该账户属于负债账户

E. “累计折旧”账户的期末余额在贷方

3. 应收收入是指本期已经实现，但尚未收到的收入，下列属于应收收入的项目是（　　）。

A. 应收出租固定资产租金　　B. 应收出租包装物租金

C. 应收利息　　D. 预收产品收入

E. 预收固定资产租金收入

4. 下列事项中，属于期末费用调整的业务有（　　）。

A. 收到下半年出租固定资产的租金　　B. 本期应计入银行借款利息

C. 本期应计入银行存款利息　　D. 本期应摊的报刊费

E. 本期应计固定资产折旧

5. 应付账款和预付账款是两个不同性质的要素，因为（　　）。

A. 应付账款是债务，预付债款是债权

B. 应付债款是我欠人，预付债款是人欠我

C. 应付债款是支出，预付债款是收入

D. 应付债款是负债，预付债款是资产

E. 应付债款是资产，预付债款是负债

6. 采用收付实现制，下列业务不进行账务处理的有（　　）。

A. 预收租金存入银行　　B. 预付下季度报刊费

C. 预计长期借款利息　　D. 摊销应由本期负担的仓库租金

E. 计提本月应缴产品的消费税税金

三、判断题

1. 在现销、现购的商品交易方式下，权责发生制和收付实现制的会计处理是相同的。（　　）

2. 采用权责发生制符合收入费用配比的要求。（　　）

3. 预收收入在收到时作为负债处理。（　　）

4. 采用收付实现制时，期末需要对应收、应付业务进行账项调整。（　　）

5. 固定资产账户的期末余额反映固定资产的净值。（　　）

6. 期末账项调整的目的是将日常记录的收入、费用，按归属期调整为应属本期的收入、费用，以正确计算本期损益。（　　）

四、业务题

（一）目的：掌握期末账项调整业务。

（二）要求：分析下列期末调整业务，编制相应的调整分录。

（三）资料：某企业 2018 年 6 月发生有关业务如下：

①本月应收银行存款利息 2 800 元。

②本月应收出租包装物租金 1 400 元。

③出租办公室 2 间给某单位，议定租金每半年结算一次，本月应收租金 200 元。

④本厂闲置未用冲压设备一台租给某单位使用，已预收租金 3 600 元，本月应收租金 300 元。

⑤已按合同预收某单位半年技术转让费 2 400 元，其中 400 元应转作本月收入。

⑥据计算，本月应提取固定资产折旧 3 800 元。其中：车间固定资产折旧 3 200 元，厂部固定资产折旧 600 元。

⑦支付固定资产大修理费 1 900 元。

⑧本月银行短期借款平均余额 88 500 元，按月利率 6‰计提银行借款利息。

⑨根据下列资料计算本月应交产品消费税：子产品销售收入 130 000 元，产品消费税税率 5%；丑产品销售收入 85 000 元，产品消费税税率 4%。

⑩据计算，本月应摊销无形资产 340 元。

⑪本月应摊销长期待摊费用 1 250 元。

五、案例分析

【案例一】

红星工厂于 10 年前购入某设备，按直线法折旧。现该设备已该报销，欲予重置，但同样设备已于 10 年之间价格上涨一倍，没有足够现金重置。总经理大为愤怒，只好垫款重置，并指示会计主管，今后要加倍计提折旧，以免重蹈覆辙。现行所得税税率为 25%。

案例要求：

1. 总经理迁怒于会计折旧计提不足有道理吗？

2. 总经理的指示是否可行？为什么？

3. 采用加速折旧是否有助于解决上述问题？

【案例二】

明亮会计师事务所在审查长城公司 2018 年 12 月 31 日账目时发现下列问题：

（1）按合同规定，长城公司将仓库出租给 A 公司，租期两年（2019—2020 年），本月已收到 A 公司第一年的仓库租金 30 万元，企业已记入“其他业务收入”。

（2）将杂志宣传费列为商誉，分 5 年摊销。

（3）购入台灯一个，成本 100 元，估计使用寿命 3 年，无残值，已借记“固定资产”账户，并分 3 年计提折旧。

（4）本月从 B 公司租入一项专用设备，按合同规定租期为一年，已支付全年租金 15 万元，企业已列入“管理费用”处理。

（5）预付购货款时，一律借记“材料采购”账户。

（6）该公司已开发完成某项新产品，预计明年可以上市，于是本年开始刊登广告，所付广告费借记“预付费用”账户。

（7）该公司多年前购入一处房产，因其市价增长了500 000元，故将增值额借记“固定资产——房屋”账户，贷记“营业外收入”账户。

（8）公司收到客户预付的100 000元，已全部记入“主营业务收入”账户。

（9）公司改变了机器设备的折旧方法，从双倍余额递减法改为直线折旧法，但是当前的财务报表未做任何说明。

（10）本年度房屋市价上涨过大，估计企业的房产增值将达1 000万元，所以年底将增值的部分按50年的使用时间，采用平均年限法，补提折旧20万元，编制的折旧分录为：

借：管理费用　　200 000

　贷：累计折旧——房屋　　200 000

案例要求：

试评述以上会计处理是否妥当，并说明理由。

练习题参考答案

一、单项选择题

1. B　2. A　3. D　4. C　5. D　6. A　7. B　8. D　9. C　10. D

二、多项选择题

1. BD　2. AC　3. AC　4. ABCDE　5. DE

6. ABCDE　7. CD　8. ABE

三、判断题

1. ×　2. ×　3. √　4. √　5. ×　6. ×　7. ×　8. √　9. √　10. ×

四、问答题（略）

五、业务题

练习一

1. 编制会计分录

（1）按权责发生制，作如下会计分录：

①借：应收账款　　90 000

　贷：主营业务收入　　90 000

②借：银行存款　　36 000

　贷：预收账款（或预收收入）　　36 000

③借：管理费用　　1 000

　贷：银行存款　　1 000

④借：银行存款　　2 700

　贷：预收收入　　2 700

⑤借：银行存款　180
　贷：应收收入（或其他应收款）　180
⑥借：应收账款（或其他应收款）　2 000
　贷：财务费用　2 000
⑦借：预收收入　900
　贷：其他业务收入　900
⑧借：财务费用　12 000
　贷：应付利息　12 000
⑨借：管理费用　800
　贷：预付账款　800
⑩借：税金及附加　4 500
　贷：应交税费　4 500
⑪借：应交税费　20 000
　贷：银行存款　20 000
⑫借：应收账款（或其他应收款）　10 000
　贷：其他业务收入　10 000
⑬借：主营业务成本　50 000
　贷：产成品（或库存商品）　50 000

（2）按收付实现制，作如下分录：

①不作分录。
②借：银行存款　36 000
　贷：主营业务收入　36 000
③借：管理费用　1 000
　贷：银行存款　1 000
④借：银行存款　2 700
　贷：其他业务收入　2 700
⑤借：银行存款　180
　贷：其他业务收入　180
⑥－⑩不作分录。
⑪借：税金及附加　2 000
　贷：银行存款　2 000
⑫不作分录。
⑬借：主营业务成本　50 000
　贷：产成品（或库存商品）　50 000

练习二

编制会计分录如下：

①借：制造费用　　2 500

　　管理费用　　1 000

　贷：累计折旧　　3 500

②借：管理费用　　1 200

　贷：累计摊销　　1 200

③借：预收收入　　400

　贷：其他业务收入　　400

④借：财务费用　　300

　贷：应付利息　　300

⑤借：税金及附加　　3 260

　贷：应交税费——应交消费税　　32 60

练习三

1. 权责发生制与收付实现制的异同

权责发生制，也称应计制或应收应付制。它是以权利或责任的发生与否为标准，来确认收入和费用。不论是否已有现金的收付，按其是否体现各个会计期间的经营成果和收益情况，确定其归属期。也就是说凡属本期的收入，不管其款项是否收到，都应作为本期的收入；凡属本期应当负担的费用，不管其款项是否付出，都应作为本期费用。反之，凡不应归属本期的收入，即使款项在本期收到，也不作为本期收入；凡不应归属本期的费用，即使款项已经付出，也不能作为本期费用。

收付实现制也称现金制。它是以现金收到或付出为标准，来记录收入的实现或费用的发生。也就是说按收付日期确定其归属期，凡是属本期收到的收入和支出的费用，不管其是否应归属本期，都作为本期的收入和费用；反之，凡本期未收到的收入和未支付的费用，即使应归属本期收入和费用，也不作为本期的收入和费用。收付实现制账务处理简单，但不能正确反映企业的经营成果。

2. 收入、费用的计量与盈亏的计算（单位：元）

项目	收入		费用		本期收益
权责发生制	收到本月营业收入	8 000.00	本月应负担办公费	900.00	31 500.00
	应收营业收入	25 000.00	负担保险费	600.00	
	收入小计	33 000.00	费用小计	1 500.00	
收付实现制	收到上月应收账款	10 000.00	支付上月电费	5 000.00	15 300.00
	收到本月营业收入款	8 000.00	支付本月办公费	900.00	
	预收客户款	5 000.00	支付下季度保险费	1 800.00	
	收入小计	23 000.00	费用小计	7 700.00	

3. 各自的优缺点

采用权责发生制，其优点是：按照权责发生制的要求所进行的收入和费用的核算，能够更加准确地反映特定会计期间真实的财务状况和经营成果，会计基本准则将其作为会计确认、计量和报告的基础。其缺点是：核算手续比较复杂。

自测题参考答案

一、单项选择题

1. A　2. C　3. A　4. B　5. D　6. C　7. A

二、多项选择题

1. BE　2. ADE　3. ABC　4. BDE　5. ABD　6. CDE

三、判断题

1. √　2. √　3. √　4. ×　5. ×　6. √

四、业务题

①借：其他应收款	2 800	
贷：财务费用		2 800
②借：其他应收款	1 400	
贷：其他业务收入		1 400
③借：其他应收款	200	
贷：其他业务收入		200
④借：预收收入	300	
贷：其他业务收入		300
⑤借：预收收入	400	
贷：其他业务收入		400
⑥借：制造费用	3 200	
管理费用	600	
贷：累计折旧		3 800
⑦借：管理费用	1 900	
贷：银行存款	1 900	
⑧借：财务费用	531	
贷：应付利息		531
⑨借：税金及附加	9 900	
贷：应交税费		9 900
⑩借：管理费用	340	
贷：累计摊销		340
⑪借：管理费用	1 250	
贷：长期待摊费用		1 250

五、案例分析

案例一提示：

1. 总经理认为会计折旧不足没有道理，因为会计折旧的基础是历史成本，并没有考虑物价变动的因素，所以一般情况下无论用什么折旧计提方法都不会影响最终的累计折旧数。

2. 总经理的指示不可行。其违背了会计的历史成本计量属性，会计上可以用加速折旧法，但是最后累计折旧不能超过成本。

3. 用加速折旧可以更快形成账面上的折旧资金，但是红星工厂如果没有现金支持也毫无用处，同时在计算所得税时会纳税调增。

总体来看，这位总经理没有搞明白的关键是：折旧是会计权责发生制原则下分期摊销成本的产物，而重置设备是有无充足现金流的问题。

案例二提示：

（1）错误，出租业务还未发生，预先收到的租金应确认为“预收账款”。

（2）错误，杂志宣传费属于公司的广告支出，应计入“销售费用”。

（3）错误，台灯不属于固定资产，购入台灯用于日常行政管理，应计入“管理费用”。

（4）错误，经营租入的机器设备发生的支出作待摊费用，企业只应确认当期的费用1.25万元。

（5）错误，需要根据材料采购的具体情况分别处理。

（6）错误，广告费用已于当期支出，应该确认当期费用，计入“销售费用”。

（7）错误，房屋是固定资产，价值增值部分不处理。

（8）错误，销售业务还未完成，不能确认销售收入，应作为预收账款处理。

（9）错误，会计折旧方法的变更属于会计估计变更，需要在报表中详细说明变更的理由、内容及其影响。

（10）错误，不应该补提折旧。

第五章
会计凭证和账簿

第一部分　学习指导

一、学习目的与要求

填制会计凭证和登记账簿是两种重要的会计核算方法。本章对会计凭证和会计账簿的相关知识进行了系统的介绍，同时也较为详细地讲述了记账规则、常用的错账查找和更正方法。学习本章的目的和要求是：

（1）了解会计凭证的意义、种类、传递和保管，掌握会计凭证的填制和审核方法；

（2）掌握会计账簿的设置和登记方法，了解账簿的更换和保管；

（3）能熟练运用常用的错账查找和更正方法。

二、本章主要内容导图（图5－1、图5－2）

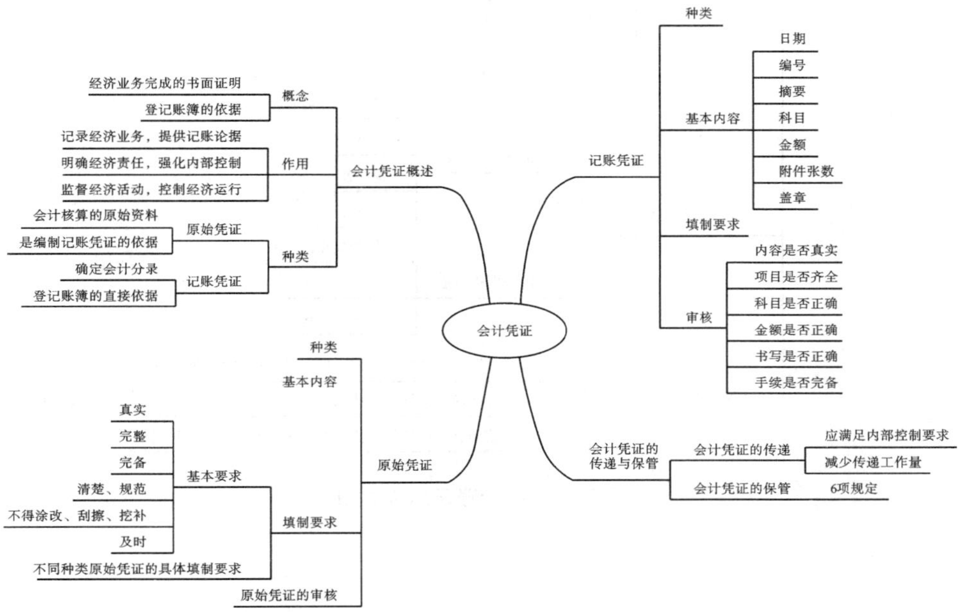

图5－1　会计凭证思维导图

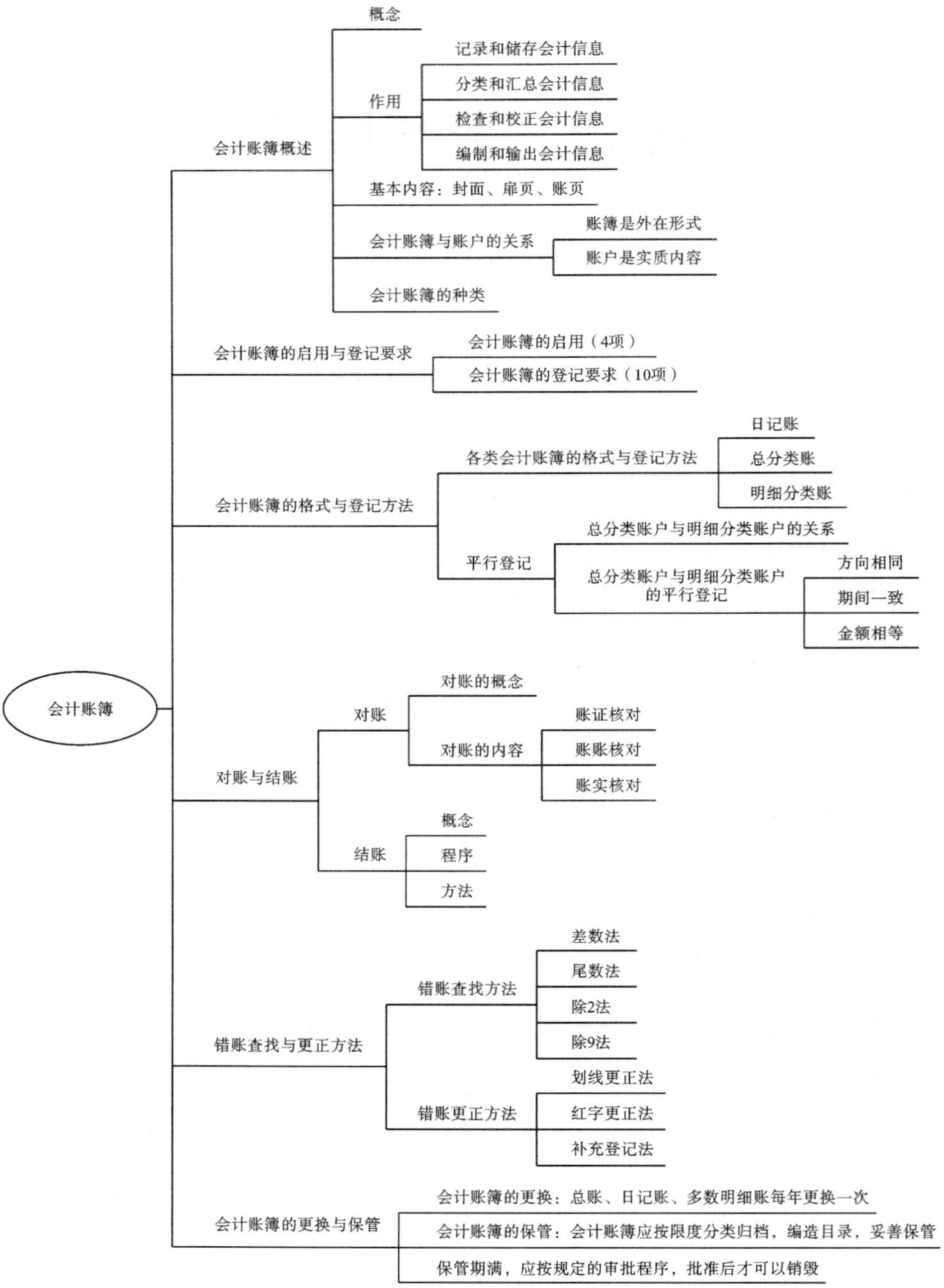

图5－2　会计账簿思维导图

三、学习方法

（1）阅读教材，熟悉内容。

（2）注意比较分析。比如：善于区分会计凭证的类别和使用；善于区分会计账簿的类别和登记；善于区分错账的更正方法。

（3）熟悉书中实务的处理过程。比如：正确使用会计凭证需要从会计凭证的填制、审核、传递和保管四个方面入手；正确使用会计账簿需要从账簿的设置、登记、对账、结账、更换和保管等方面入手。

（4）通过练习提高理解和运用能力。

（5）参加讨论，增进理解。

四、应掌握的主要内容

（一）基本概念

会计凭证　原始凭证　记账凭证　会计账簿　总分类账　明细分类账　日记账　对账　结账　记账规则　划线更正法　红字更正法　补充登记法

（二）会计凭证的种类及其联系和区别（见图5－3）

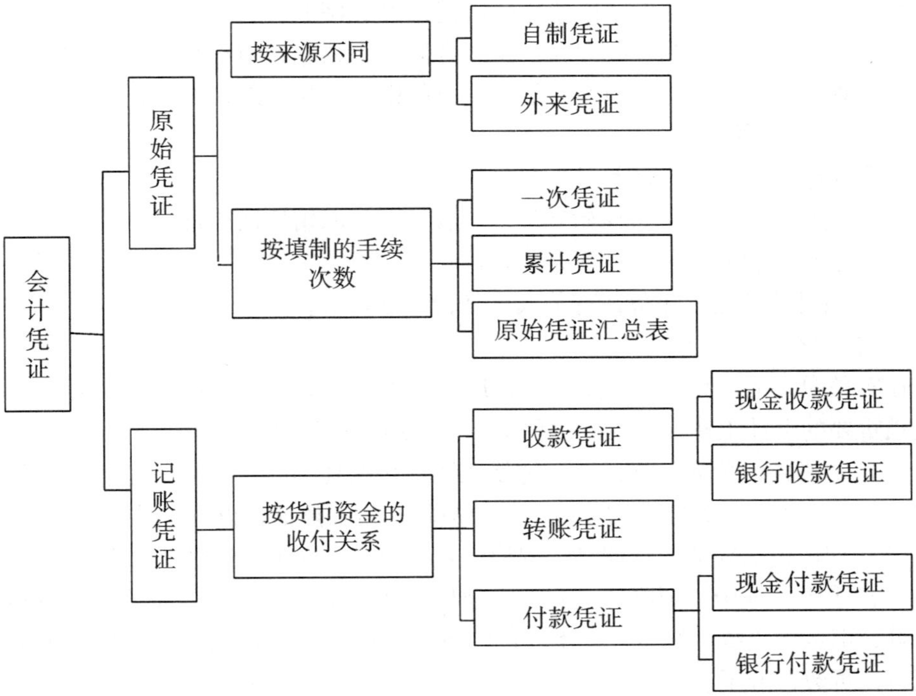

图5－3　会计凭证的种类及其联系和区别图

记账凭证和原始凭证的联系：记账凭证是由会计人员根据审核无误的原始凭证或原始凭证汇总表填制的。

记账凭证和原始凭证的区别：前者载有会计分录。

（三）原始凭证和记账凭证的要素

1. 原始凭证的要素

原始凭证有六个要素：①原始凭证的名称；②填制的日期；③交易双方单位的名称；④经济业务的内容摘要；⑤经济业务涉及的实物数量、单价和金额；⑥有关经办人员的签名、盖章。

2. 记账凭证的要素

记账凭证的要素大概可分为四个方面：①记账凭证的名称、填制单位、填制日期和编号；②经济业务的简要说明和所附原始凭证；③会计分录；④有关人员的签名和盖章。

（四）原始凭证和记账凭证的审核

1. 原始凭证先后要进行形式上和实质上的审核

（1）形式上的审核，主要审核凭证格式是否符合规定要求；内容是否完整；数字计算是否正确；大小写金额是否一致；书写是否清楚；有关人员签章是否齐全；有无刮、擦、挖、补或涂改现象等。

（2）实质性审核，主要是针对原始凭证中记录的经济业务的真实性和合法性、合理性进行审核。首先要保证原始凭证所记录的经济业务符合实际情况；其次要以国家的方针、政策、法令、制度和企业的合同等为依据，审核原始凭证的内容是否合法、合理，有无违反财经制度，是否符合预算，是否符合成本开支范围等。

2. 记账凭证的审核

记账凭证的审核应从以下三个方面进行：

（1）记账凭证是否附有原始凭证，内容是否与原始凭证相符；

（2）会计科目和金额的计算是否正确；

（3）项目填列是否完备，有关人员是否都已签章。

（五）记账凭证的填制

在实务中，无论是手工信息系统，还是计算机会计信息系统，记账凭证的填制都是很重要的会计工作，在填制过程中，要参照凭证的要素，并注意以下三点：

（1）记账凭证分为收款凭证、付款凭证和转账凭证时，如果是银行存款和现金一增一减，或银行存款之间的划拨，一律只填制付款凭证，以避免重复记录。

（2）切记记账凭证的日期是编制记账凭证当日，而不是经济业务发生的日期。

（3）手工实务中，记账凭证有一定规格，如果是复合分录，涉及科目较多，可能跨页，那么除了统一编号外，本凭证的各页还应采用分数编号，分母为本号记账凭证所占页数，分子表示第几页。

（六）账簿的种类

账簿可以按不同标准进行分类。账簿种类示意图见图 5－4。

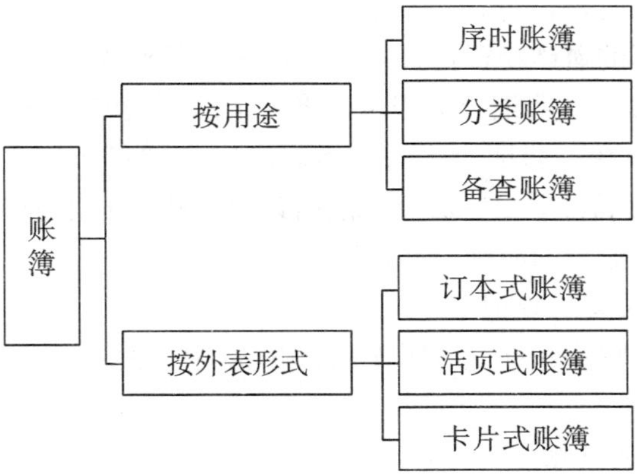

图5-4　账簿种类示意图

（七）账簿的设置和登记

1. 日记账的设置和登记

企业通常设置现金日记账和银行存款日记账。

现金日记账和银行存款日记账是由出纳员根据审核后的现金收付款凭证、银行存款收付款凭证或通用记账凭证逐日逐笔顺序登记的。如果是现金与银行存款之间或银行存款不同账户之间的流入流出，应该根据现金付款凭证、银行存款付款凭证或通用记账凭证登记。日记账的登记应该日清月结，即每日（月末）登记结束后，加计当日（月）收入、付出的合计数及余额。

日记账的格式，一般采用借方、贷方、余额三栏式或收入、付出、结余三栏式。在现金和银行存款收付业务较多时，采用多栏式的现金日记账和银行存款日记账，这样，到月末时，可根据各对应科目的发生额及收入和支出两部分的合计数直接登记总账。

2. 总分类账的设置和登记

总分类账是按总分类账户分类登记全部经济业务的账簿。在总分类账簿中应按会计科目的编码顺序分设账户，概括地反映经济业务，一般只提供较总括的金额指标。格式采用借、贷、余三栏式。企业可以采用不同的会计记账程序，可以根据记账凭证或日记账簿逐笔登记，也可以将记账凭证按一定方式进行汇总，然后一次性登记到总账中去。

3. 明细分类账的设置和登记

明细分类账通常有以下三种格式：

（1）三栏式。三栏式明细分类账的格式与总分类账的格式相同，即只设借方、贷方和余额三个金额栏，不设数量栏。一般适用于债权、债务等不需要进行数量核算的明细分类账的登记。例如应付账款、应收账款、其他应收款、其他应付款等的核算。

（2）数量金额式。数量金额式是在借方、贷方和余额栏内再分别设数量、单价和金额三个栏次，同时提供货币信息和实物量信息。它适用于既要进行金额核算，又要进行实物量核算的财产物资科目，如原材料、产成品、库存商品等科目的核算。

（3）多栏式。多栏式明细分类账簿是将一个总分类账户或者一个二级账户所属的有关明细账户集中在一张账页上进行登记。它在“借方发生额”和“贷方发生额”之下，再分别设置若干专栏，分栏登记各明细账的发生额。它适用于费用、成本和收入、利润等类账户的明细分类核算。

4. 备查账簿的设置与登记

备查账簿对主要账簿起补充说明作用，并无固定格式，一般根据各单位具体情况和实际需要而设置。

（八）会计期末的结账

复式记账法下，曾经提到过过账和结账，其中过账反映经济业务形成的各个分散的会计分录，在检查审核无误后，应当分别记入各有关账户。只有通过账户进行分类汇总，才能借以逐步形成各种信息，把会计分录中的金额分别向账户登记的步骤，称为“过账”，过账实际上也是账户记录中的一部分。会计主要反映的是一定时期发生的经济业务所引起的会计要素的增减变动及其结果，因此，仅仅对所编制的会计分录进行逐笔的过账是不够的，还必须反映一定时期内各账户的增减变动的总额及其结果。因此，当时的结账仅指在本期所发生的经济业务全部登记入账的基础上，期末结出所有账户的本期发生额和期末余额或本期余额的工作。结账实际上也是账户记录中的一部分。

这里的结账是会计期末对账簿记录的工作。它包括按以下顺序进行的基本程序：

（1）查明本期发生的经济业务是否已全部登记入账。

（2）按照权责发生制的原则将收入费用各归入各个相应的会计期间。例如：对于各种收入、费用类账户的余额，应在有关账户之间进行结转。如将主营业务收入、主营业务成本、管理费用、财务费用、销售费用等损益类账户的余额转入本年利润账户，以便在账簿上重新登记下一个会计期间的业务。结账分录也需要登记到相应的账簿中去。

（3）编制结账分录。例如：摊配已登账的预收收益，计提应承担尚未支付的应付费用，确认已实现但尚未收到的应收收益等。在调整收入和费用的过程中，需要编制调整分录，并过入相应的账户账簿。

（4）计算各账户的本期发生额合计和期末余额，画双线结束本期记录，并将期末余额结转下期。

（九）对账

对账是通过核对各种账簿记录中的自动平衡和互相勾稽关系，促使账证相符、账账相符、账实相符和账表相符。对账内容包含：

（1）账证核对。各种账簿记录应当和会计凭证核对相符。

（2）账账核对。总账各账户的期末借方余额合计数与贷方余额合计数相核对；

各明细账和日记账的期末余额与有关的总账余额相核对；会计部门各种财产物资明细账的期末余额与财产物资保管部门或使用部门的有关账（卡）的余额相核对；会计账与有关单位或个人的债权、债务相核对。银行存款日记账的账面余额与开户银行每月的银行存款对账单相核对。

（3）账实核对。现金日记账的账面余额与实际盘点的库存现金实有数相核对；各种财产物资明细分类账的账面余额与其清查盘点后的实存数额相核对。

（4）账表核对。会计账簿与会计报表、分析表核对相符。

（十）错账的更正

手工簿记中，账簿记录发生错误时，不能刮擦、挖补、涂抹或用褪色墨水更改字迹，可按具体情况使用划线更正法、红字更正法和补充登记法。

（1）划线更正法，即在结账之前，如发现账簿记录有误，但记账凭证正确，可在账簿上采用此方法。要求在错误的文字或数字上划红线，将其全部注销，然后，在错误文字或数字的上方空白处，用蓝色或黑色的墨水填上正确的文字或数字，予以更正，并盖章。

（2）红字更正法，是更正账簿记录错误的专门方法之一，它是要求用红字冲销或冲减原账簿数额，以更正或调减账簿记录的一种方法。其适用于：①过账后，发现记账凭证用错科目；②编制记账凭证时金额错误，并大于正确的金额，已经过账；③记账凭证编制无误，但过账时发生笔误，错误金额大于正确的金额，已经过账。上述三种情况的更正方法有所不同。第一和第二种情况的更正方法是，用红字编制一张内容与原记账凭证完全一样的凭证，冲销原有错误记录，然后再用蓝字编制一张正确的记账凭证，重新登记入账。第三种情况只需要用红字编制一张金额为错误金额超过正确金额部分的记账凭证，并登记有关账簿即可。

（3）补充登记法适用的情况是：记账凭证科目正确，金额错误，而且错误金额小于正确金额，已经过账；或者，记账凭证完全正确，只是过账中发生笔误，导致金额小于正确金额，已结账。更正时，按正确金额与原来所填金额之差作为分录的金额，用蓝字编制一张与原凭证上应借应贷账户完全相同的记账凭证，过入有关账簿。

应该注意的是：划线更正法仅在手工簿记中使用，红字更正法在计算机簿记系统中可以间接实现，补充登记法在计算机簿记系统中直接采用。

第二部分　练习题、自测题及参考答案

练习题

一、单项选择题

1. 下列各项目，属于汇总凭证的是（　　）。

A. 累计销售凭证　　　　B. 出库单

C. 限额领料单　　D. 工资结算汇总表

2. 购买验收入库的实物的原始凭证必须附有（　　）。

A. 付款证明　　B. 支票存根　　C. 入库单　　D. 运费单据

3. 职工归还借款时，企业出纳员应（　　）。

A. 另外开具收据　　B. 退还原借款单

C. 不必入账　　D. 填制付款凭证

4. 填制记账凭证时，要求有关人员逐一签章的目的是为了（　　）。

A. 明确经济责任　　B. 手续齐全

C. 表明凭证的传递程序　　D. 互相制约

5. 下列各项适用于任何经济业务的凭证是（　　）。

A. 收款凭证　　B. 通用记账凭证

C. 付款凭证　　D. 借项记账凭证

6. 从银行提取现金，应填制（　　）。

A. 现金收款凭证　　B. 现金付款凭证

C. 银行存款收款凭证　　D. 银行存款付款凭证

7. "应付账款"明细账的账页格式一般采用（　　）。

A. 数量金额式　　B. 多栏式　　C. 订本式　　D. 三栏式

8. 多栏式明细账格式一般适用于（　　）。

A. 债权、债务类账户　　B. 财产、物资类账户

C. 费用成本类和收入类账户　　D. 货币资产类账户

9. "原材料"明细账的账页格式一般采用（　　）。

A. 数量金额式　　B. 横线登记式　　C. 三栏式　　D. 多栏式

10. "物资采购"明细账的账页格式一般采用（　　）。

A. 数量金额式　　B. 横线登记式　　C. 三栏式　　D. 多栏式

11. 如果发现记账凭证所用的科目正确，只是所填金额大于应填金额，并已登记入账，应采用（　　）更正。

A. 划线更正法　　B. 红字更正法

C. 补充登记法　　D. A、B、C 都不是

12. 三栏式明细账应根据（　　）登记。

A. 有关记账凭证逐笔　　B. 财产物资收发凭证逐笔

C. 有关凭证汇总　　D. 转账凭证逐笔

13. 现金日记账必须采用（　　）。

A. 订本账　　B. 活页账　　C. 多栏式　　D. 卡片式

14. 下列账簿属于序时账簿的是（　　）。

A. 总账　　B. 明细账

C. 应收票据备查簿　　D. 银行存款日记账

15. 原始凭证上的数字和文字要清楚、规范，大小写金额要符合指的是（　　）。

A. 真实性　　B. 合法、合规性
C. 合理性　　D. 正确性

16. 企业登记账簿的直接依据是（　　）。

A. 会计凭证　　B. 原始凭证
C. 审核无误的记账凭证　　D. 审核无误的原始凭证

17. 对账不包括（　　）。

A. 账证核对　　B. 账账核对　　C. 账表核对　　D. 证证核对

18. 会计核算工作的起点是（　　）。

A. 合法地取得、正确地填制和审核原始凭证
B. 合法地取得、正确地填制和审核记账凭证
C. 合法地取得、正确地填制和审核会计凭证
D. 合法地取得、正确地填制会计凭证

19. 下列项目中，关于￥30 010.06的大写写法的表述中，正确的是（　　）。

A. 人民币三万零十元六分　　B. 人民币三万十元六分整
C. 人民币叁万零拾元零陆分　　D. 人民币叁万零拾元陆分整

20. 下列项目中，关于需结出本年累计的账户月末结账划线的说法中，正确的是（　　）。

A. 划两条双红线　　B. 划一条单红线
C. 划三条单红线　　D. 划四条双红线

二、多项选择题

1. 记账凭证必须具有的基本要素包括（　　）。

A. 填制单位的名称　　B. 填制凭证的日期
C. 记账凭证的名称和编号　　D. 经济业务的内容摘要
E. 出票单位的名称

2. 发生销售退回及退还货款时，应（　　）。

A. 填制退货发票　　B. 取得对方单位的收款收据
C. 根据退货发票直接入账　　D. 根据收据直接入账
E. 填制商品入库单

3. 原始凭证的审核内容包括（　　）。

A. 真实性　　B. 准确性
C. 及时性　　D. 完整性
E. 合法性

4. 专用记账凭证包括（　　）。

A. 收款凭证　　B. 付款凭证

C. 借项记账凭证
D. 贷项记账凭证
E. 记账凭证

5. 登记现金日记账所依据的记账凭证有（　　）。
A. 现金收款凭证
B. 现金付款凭证
C. 银行收款凭证
D. 银行付款凭证
E. 转账凭证

6. 限额领料单属于（　　）。
A. 原始凭证附件
B. 自制原始凭证
C. 汇总原始凭证
D. 累计原始凭证
E. 汇总记账凭证

7. 转账凭证中不会出现（　　）科目。
A. 应收账款
B. 银行存款
C. 应交税金
D. 库存现金
E. 应付账款

8. 必须采用订本式账簿的有（　　）。
A. 原材料明细账
B. 现金日记账
C. 银行存款日记账
D. 总分类账
E. 固定资产明细账

9. 下列各项错误中，可以通过试算平衡发现的有（　　）。
A. 借方发生额大于贷方发生额
B. 应借应贷科目颠倒
C. 借方余额小于贷方余额
D. 漏记一项经济业务
E. 重复记录一项经济业务

10. 对账的内容主要有（　　）。
A. 账簿资料的内外核对
B. 账证核对
C. 账账核对
D. 账实核对
E. 账表核对

11. 三栏式明细账适用于（　　）。
A. “应收账款”明细账
B. “生产成本”明细账
C. “应付账款”明细账
D. “制造费用”明细账
E. “固定资产”明细账

12. 会计账簿按用途分类，主要有（　　）。
A. 序时账簿
B. 卡片账簿
C. 分类账簿
D. 备查账簿
E. 活页式账簿

13. 普通日记账的格式一般有（　　）。
A. 两栏式
B. 三栏式

C. 多栏式　　D. 数量金额式

E. 专栏式

14. 会计凭证的传递主要包括（　　）。

A. 凭证的填制　　B. 凭证的传递路线

C. 传递时间　　D. 传递手续

E. 凭证的销毁

15. 下列项目中，属于汇总原始凭证的有（　　）。

A. 发料汇总表　　B. 工资表

C. 水电费发票　　D. 水电费汇总分配表

E. 增值税专用发票

16. 可以逐笔登记，也可以定期汇总登记的账户有（　　）。

A. 固定资产账户　　B. 债权债务账户

C. 库存商品账户　　D. 收入费用账户

E. 现金日记账

三、判断题

1. 银行对账单不是原始凭证，但能作为原始凭证附件。（　　）

2. 原始凭证均具有法律效力。（　　）

3. 原始凭证按适用范围的不同分为一次凭证和汇总凭证。（　　）

4. 借款单属于外来原始凭证。（　　）

5. 一式几联的原始凭证应逐联开具，并注明各联的用途。（　　）

6. 职工归还借款时，可收回原借款单据。（　　）

7. 通用记账凭证又可分为收款凭证、付款凭证和转账凭证。（　　）

8. 所有记账凭证必须根据审核无误的原始凭证填制。（　　）

9. 结账和更正错误的记账凭证可以不附原始凭证。（　　）

10. 总账只进行金额核算，提供价值指标，不提供实物指标；而明细账有的只提供价值指标，有的既提供价值指标，又提供实物指标。（　　）

11. 多栏式明细账格式适用于有关费用、成本和收入、利润等科目。（　　）

12. 会计人员根据正确的记账凭证登账时，误将 2 000 元记为 200 元，更正这种错误应采用红字更正法。（　　）

13. 在会计核算中，红字一般只在划线、改错、冲账和表示负数金额时使用。（　　）

14. 备查账是对其他账簿记录的一种补充，可以为某些经济业务的内容提供必要的参考资料。（　　）

15. 记录会计分录是普通日记账的实质。（　　）

16. 为保证账款相符，现金日记账的账面余额应每天与库存现金实存数核对。（　　）

17. 记账时，如果不慎发生“隔页”“跳行”情况，应在空页或空行处用红线划销，注明“此行空白”“此页空白”字样。（ ）

18. 登记账簿作为会计核算的专门方法之一，包括记账、对账和结账三个环节。（ ）

四、问答题

1. 什么是会计凭证？它有什么作用？如何分类？

2. 什么是原始凭证？如何分类？

3. 记账凭证应具备哪些基本内容？有何填制要求？其审核应注意哪些内容？

4. 什么是会计凭证的传递？正确组织凭证传递有哪些作用？在组织凭证传递时应考虑哪些问题？

5. 什么是总分类账簿？什么是明细分类账簿？两者关系如何？

6. 明细分类账簿的格式有哪几种？各适用于哪些分类核算？

7. 登记账簿应遵循哪些基本规则？

8. 更正错账有哪几种方法？各适用于什么情况？

9. 什么是对账？如何结账？

10. 请结合关于会计确认的论述，讨论原始凭证审核对会计信息系统的意义。

11. 试比较记账凭证与普通日记账之间的异同。

12. 现金（银行存款）日记账与普通日记账有什么区别？它们在各自的会计工作体系中处于什么样的地位？发挥什么样的作用？

13. 账簿与账户的区别与联系何在？

14. 会计主体为什么要设置账簿？每个会计主体至少应当设置哪些账簿？

15. 未来会计全面电算化后，会计凭证和账簿是否会被替代？为什么？

五、业务题

练习一

（一）目的：练习编制记账凭证。

（二）资料：振兴工厂 2018 年 5 月份发生下列经济业务（该企业使用专用记账凭证）：

① 2 日，购进原材料一批，价款 3 000 元，增值税额 510 元，材料已验收入库，以银行存款支付货款。

② 10 日，提取现金 30 000 元，以备发工资。

③ 11 日，以现金 30 000 元支付职工工资。

④ 15 日，向丽华公司销售甲产品一批，价款 10 000 元，增值税额 1 700 元，货已发出，款项尚未收到。

⑤ 25 日，收回丽华公司原欠货款 11 700 元存入银行。

⑥ 30 日，分配工人工资 30 000 元，其中生产工人工资 20 000 元，车间管理人员工资 3 000 元，厂部管理人员工资 7 000 元。

⑦ 30 日，计提本月固定资产折旧费 1 200 元，其中生产车间固定资产折旧费 900 元，管理部门固定资产折旧费 300 元。

（三）要求：

1. 判断上述经济业务应填制哪种记账凭证。

2. 根据上述经济业务编制下面的记账凭证。

收款凭证

借方科目：　　　　　　　　　　年　月　日　　　　　　　　字第　号

摘　要	贷方科目		金额	记账
	一级科目	二级科目或明细科目		
合　计				

附件　张

会计主管：　　　　记账：　　　　出纳：　　　　审核：　　　　填制：

付款凭证

贷方科目：　　　　　　　　　　年　月　日　　　　　　　　字第　号

摘　要	借方科目		金额	记账
	一级科目	二级科目或明细科目		
合　计				

附件　张

会计主管：　　　　记账：　　　　出纳：　　　　审核：　　　　填制：

转账凭证

年　月　日　　　　　　　　字第　号

摘　要	一级科目	二级科目或明细科目	借方金额	√	贷方金额	√
合计						

附件　张

会计主管：　　　　记账：　　　　审核：　　　　填制：

练习二

（一）目的：练习错账的更正。

（二）资料：南方工厂在 6 月份发生的经济业务，已编制记账凭证，并已登记入账。

6 月 25 日检查时，发现下列几笔业务有错误：

（1）5 日，购进材料 2 000 元，已验收入库，货款未付。原作分录如下：

借：原材料　　20 000

　贷：应付账款　　20 000

（2）8 日，开出转账支票 4 000 元，归还银行短期借款。原作分录如下：

借：银行存款　　4 000

　贷：短期借款　　4 000

（3）10 日，车间领用材料 9 200 元，原作分录如下：

借：生产成本　　2 900

　贷：原材料　　2 900

（三）要求：用正确的方法更正以上错账。

六、案例分析

【案例一】

会计凭证的丢失

何女士是企业财务方面的主要负责人，一次在复核时发现会计小张丢了 3 张记账凭证。何女士在审核原始凭证后，批评小张工作太马虎，同时让她重新编制 3 张记账凭证。

另外一次，何女士在复核时发现小李编制的银行存款付款凭证所附 50 万元的现金支票存根丢失，同时发现还有几张现金付款凭证所附原始凭证与凭证所注张数不符，何女士马上让小李停止工作，并且与她一起回忆、追查这张支票的去向。小李对此非常不满，认为何女士小题大做，故意整她，偏向小张。

你如何看待这件事？

【案例二】

会计辞职

李华先生应聘一家外国公司的会计，发现这家公司有几个与其他公司不一样的地方：

一是公司的所有账簿都使用活页账，理由是这样便于改错；

二是公司的往来账簿都是采用抽单核对的方法，直接用往来会计凭证控制，不再记账；

三是在记账时发生了错误允许使用涂改液，但是强调必须由责任人签字；

四是经理要求李华先生在登记现金总账的同时也要负责出纳工作。

经过不到 3 个月的试用期，尽管这家公司的报酬高出其他类似公司，李华先生还是决定辞职。请问：他为什么会辞职？你如果处在他的位置，你会辞职吗？

自测题

一、单项选择题

1．企业的限额领料单一般属于（　　）。

A．外来原始凭证　　B．自制累计凭证

C．记账凭证　　D．自制一次性凭证

2．下列各项不能作为会计核算的原始凭证的是（　　）。

A．付款证明　　B．支票存根　　C．入库单　　D．运费单据

3．会计分录在会计实务中填写在（　　）上。

A．原始凭证　　B．记账凭证　　C．总分类账　　D．明细分类账

4．会计人员审核凭证时发现其金额有差错，应由（　　）。

A．原制单人更正　　B．经办人员更正

C．会计人员更正　　D．审批人员更正

5．付款凭证是用来记录（　　）的凭证。

A．资产付出业务　　B．现金付出业务

C．货币资金付款业务　　D．银行存款付出业务

6．下列各项不属于会计凭证的是（　　）。

A．发货单　　B．领料单　　C．购销合同　　D．住宿费收据

7．原始凭证和记账凭证的相同点是（　　）。

A．反映经济业务的内容相同　　B．编制时间相同

C．所起作用相同　　D．经济责任的当事人相同

8．将会计凭证划分为原始凭证和记账凭证的依据是（　　）。

A．填制时间　　B．取得来源

C．填制的程序和用途　　D．反映的经济内容

9．将记账凭证分为收款凭证、付款凭证、转账凭证的依据是（　　）。

A．凭证填制的手续　　B．凭证的来源

C．凭证所反映的经济业务内容　　D．所包括的会计科目是否单一

10．根据一定期间的记账凭证全部汇总填制的凭证是（　　）。

A．汇总原始凭证　　B．科目汇总表

C．复式凭证　　D．累计凭证

11．总分类账簿应采用（　　）。

A．活页账簿　　B．卡片账簿

C．订本账簿　　D．联合账簿

12．记账后，发现记账凭证中的应借、应贷会计科目有错误，应采用（　　）进行更正。

A. 划线更正法　　B. 红字更正法
C. 补充登记法　　D. 直接冲销法

13. 记账后，发现记账凭证和账簿中所记金额小于应记金额，而应借、应贷的会计科目并无错误，应采用（　　）进行更正。

A. 划线更正法　　B. 红字更正法
C. 补充登记法　　D. 直接冲销法

14. 多栏式明细分类账适合于（　　）。

A. 应收账款明细账　　B. 产成品明细账
C. 原材料明细账　　D. 材料采购明细账

15. 总分类账的外表形式采用（　　）。

A. 订本式　　B. 活页式　　C. 多栏式　　D. 数量金额式

16. 记账后，如果发现记账错误是由记账凭证所列会计科目或金额有错误引起的，可采用的更正错账方法是（　　）。

A. 红字更正法　　B. 划线更正法　　C. 补充登记法　　D. 均可

17. 期末根据账簿记录，计算并记录出各账户的本期发生额和期末余额，在会计上称为（　　）。

A. 对账　　B. 结账　　C. 调账　　D. 查账

18. 可以作为编制会计报表直接依据的账簿是（　　）。

A. 序时账簿　　B. 备查账簿　　C. 分类账簿　　D. 特种日记账

二、多项选择题

1. 会计凭证的传递是从原始凭证的填制或取得时开始，经过（　　）直到归档保管为止。

A. 填制　　B. 审核　　C. 记账　　D. 装订
E. 分析

2. 下列各项属于一次原始凭证的有（　　）。

A. 限额领料单　　B. 领料单　　C. 发货单　　D. 购货发票
E. 销货发票

3. 记账凭证编制的依据可以是（　　）。

A. 收、付款凭证　　B. 一次原始凭证
C. 累计原始凭证　　D. 汇总原始凭证
E. 转账凭证

4. 企业购入材料一批，货款已支付，材料验收入库，则应填制的全部会计凭证有（　　）。

A. 收料单　　B. 累计凭证　　C. 收款凭证　　D. 付款凭证
E. 转账凭证

5. 下列各项属于原始凭证的有（　　）。

A. 发出材料汇总表　　B. 汇总收款凭证
C. 购销合同　　D. 限额领料单
E. 收料单

6. 下列科目中可能成为付款凭证借方科目的有（　　）。

A. 库存现金　　B. 银行存款　　C. 应付账款　　D. 应交税费
E. 销售费用

7. 涉及现金与银行存款相互划转的业务应编制的记账凭证有（　　）。

A. 现金存款收款凭证　　B. 现金付款凭证
C. 银行存款收款凭证　　D. 银行存款付款凭证
E. 转账凭证

8. 不涉及外币业务的企业从银行提取现金 1 000 元，此项业务应在（　　）中登记。

A. 现金日记账　　B. 银行存款日记账
C. 总分类账　　D. 明细分类账
E. 备查账簿

9. 任何会计主体都必须设置的账簿有（　　）。

A. 日记账簿　　B. 活页账簿
C. 总分类账簿　　D. 备查账簿
E. 明细分类账簿

10. 现金、银行存款日记账的账页格式主要有（　　）。

A. 三栏式　　B. 多栏式　　C. 数量金额式　　D. 两栏式
E. 订本式

11. 企业将产品验收入库，此项业务应登记（　　）。

A. 现金日记账　　B. 银行存款日记账
C. 总分类账　　D. 明细分类账
E. 备查账

12. 下列各项可以作为现金日记账依据的有（　　）。

A. 现金收款凭证　　B. 现金付款凭证
C. 银行存款收款凭证　　D. 银行存款付款凭证
E. 转账凭证

13. 明细分类账的格式有三栏式、多栏式、数量金额式。相应地其各适用于（　　）。

A. 债权债务明细账　　B. 卡片式明细账
C. 收入、费用成本类明细账　　D. 活页式明细账

E．材料物资类明细账

14．总账和明细账之间的登记应该做到（　　）。

A．登记的原始依据相同　　B．登记的方向相同

C．登记的金额相同　　D．登记的人员相同

E．登记的时点相同

15．银行存款日记账的登记依据可以有（　　）。

A．银行存款收款凭证　　B．银行存款付款凭证

C．转账凭证　　D．现金付款凭证

E．现金收款凭证

16．下列内容可以采用三栏式明细账的有（　　）。

A．其他应收款　　B．预付账款

C．应收账款　　D．短期借款

E．原材料

17．明细分类账的登记依据可以是（　　）。

A．原始凭证　　B．汇总原始凭证

C．记账凭证　　D．汇总记账凭证

E．科目汇总表

三、判断题

1．收料单、工资结算单既属于自制原始凭证又属于记账凭证。（　　）

2．在审核原始凭证过程中，如果发现伪造或涂改的凭证，其处理方法与内容不全、手续不完备的凭证相同。（　　）

3．转账凭证是用来记录不涉及现金和银行存款收付的经济业务的记账凭证。它是根据有关转账业务的记账凭证填制的。（　　）

4．会计凭证装订后不得随意拆卸抽取凭证，如果必须拆卸，要得到会计主管人员的同意。（　　）

5．外来原始凭证都属于一次凭证。（　　）

6．新的会计年度开始时，必须更换全部账簿。（　　）

7．总分类账是分类连续反映企业经济业务总括情况的账簿，总分类账一般采用借、贷、余三栏式的订本账。（　　）

8．在填制记账凭证时，误将 7 800 元记为 8 700 元，并已登记入账。月终结账前发现错误，更正时采用划线更正法。（　　）

9．一次凭证是指只反映一项经济业务的凭证，如“领料单”。（　　）

10．累计凭证是指在一定时期内连续记载若干项同类经济业务，其填制手续是随着经济业务发生而分次完成的凭证，如“限额领料单”。（　　）

11．在一笔经济业务中，如果既涉及现金和银行存款的收付，又涉及转账业务，

那么应同时填制收（或付）款凭证和转账凭证。（　）

12. 根据一定期间的记账凭证全部汇总填制的凭证如“科目汇总表”是一种累计凭证。（　）

13. 三栏式账簿一般适用于费用、成本等明细账。（　）

14. 企业对受托代销的商品，可以设置备查账簿进行登记。（　）

15. 结账之前，如果发现账簿中所记文字或数字有过账笔误或计算错误，而记账凭证并没有错，可用划线更正法更正。（　）

16. 租入的固定资产不能在“固定资产”分类账户中登记，而应在备查账簿中登记，因此，在编制资产负债表时，“固定资产原值”项目应是“固定资产”分类账与备查账簿的金额之和。（　）

17. 总分类账、现金及银行存款日记账一般都采用活页式账簿。（　）

18. 原始凭证是登记日记账、明细账的根据。（　）

四、业务题

（一）目的：练习错账的更正。

（二）资料：假定企业在记账以后发生下列错误：

①记账人员在登账时，将原材料账户借方的65 780元，误写为56 780元。

②以银行存款偿还短期借款4 000元，查账时发现凭证与账簿中科目没有记错，但金额均记为40 000元。

③以银行存款2 400元预付明年的财产保险费。

借：应付费用　　2 400

　　贷：银行存款　　2 400

练习题参考答案

一、单项选择题

1. C　2. C　3. B　4. A　5. B　6. D　7. D　8. C　9. A　10. D
11. B　12. A　13. A　14. D　15. D　16. C　17. D　18. C　19. C　20. B

二、多项选择题

1. ABCD　2. ABE　3. ABCDE　4. AB　5. ABD　6. BD
7. BD　8. BCD　9. AC　10. BCDE　11. AC　12. ACD
13. AC　14. BCD　15. ABD　16. ABCD

三、判断题

1. ×　2. √　3. ×　4. ×　5. ×　6. √　7. ×　8. ×　9. √
10. √　11. √　12. ×　13. √　14. √　15. √　16. √　17. √　18. √

四、问答题（略）

五、业务题

①

付款凭证

贷方科目：银行存款　　　2018 年 5 月 2 日　　　银付字第 1 号

摘要	借方科目		金额	记账
	一级科目	二级科目或明细科目		
用存款购买材料	材料采购		3 000. 00	
	应交税费	应交增值税(进项税额)	510. 00	
合计			3 510. 00	

附件 2 张

会计主管：　记账：　出纳：　审核：　填制：

②

付款凭证

贷方科目：银行存款　　　2018 年 5 月 10 日　　　银付字第 2 号

摘要	借方科目		金额	记账
	一级科目	二级科目或明细科目		
提取现金	库存现金		30 000. 00	
合计			30 000. 00	

附件 1 张

会计主管：　记账：　出纳：　审核：　填制：

③

付款凭证

贷方科目：库存现金　　　2018 年 5 月 11 日　　　现付字第 3 号

摘要	借方科目		金额	记账
	一级科目	二级科目或明细科目		
现金发工资	应付职工薪酬		30 000. 00	
合计			30 000. 00	

附件 1 张

会计主管：　记账：　出纳：　审核：　填制：

④

转账凭证

2018 年 5 月 15 日　　　　转字第 1 号

摘　要	一级科目	二级科目或明细科目	借方金额	√	贷方金额	√
销售产品款未收	应收账款	丽华公司	11 700. 00			
	主营业务收入	甲产品			10 000. 00	
	应交税费	应交增值税(销项税额)			1 700. 00	
合计			11 700. 00		11 700. 00	

附件 2 张

会计主管:　　记账:　　审核:　　填制:

⑤

收款凭证

借方科目:银行存款　　2018 年 5 月 25 日　　银收字第 1 号

摘　　要	贷方科目		金额	记账
	一级科目	二级科目或明细科目		
收回丽华公司原欠购货款	应收账款	丽华公司	11 700. 00	
合　　计			11 700. 00	

附件 1 张

会计主管:　　记账:　　出纳:　　审核:　　填制:

⑥

转账凭证

2018 年 5 月 30 日　　　　转字第 2 号

摘　要	一级科目	二级科目或明细科目	借方金额	√	贷方金额	√
分配工人工资	生产成本	工资费用	20 000. 00			
	制造费用	工资费用	3 000. 00			
	管理费用	工资费用	7 000. 00			
	应付职工薪酬				30 000. 00	
合计			30 000. 00		30 000. 00	

附件 4 张

会计主管:　　记账:　　审核:　　填制:

⑦

转账凭证

2018 年 5 月 30 日　　　　　　转字第 3 号

摘　要	一级科目	二级科目或明细科目	借方金额	√	贷方金额	√
计提折旧	制造费用	折旧费用	900.00			
	管理费用	折旧费用	300.00			
	累计折旧				1 200.00	
合计			1 200.00		1 200.00	

附件 1 张

会计主管：　　　　记账：　　　　审核：　　　　填制：

练习二

（1）借：原材料　　18 000

　　贷：应付账款　　18 000

（2）借：银行存款　　4 000

　　贷：短期借款　　4 000

借：短期借款　　4 000

　　贷：银行存款　　4 000

（3）借：生产成本　　6 300

　　贷：原材料　　6 300

六、案例分析

案例一提示：

何女士的做法并不是小题大做。

小张丢的 3 张记账凭证问题不是很严重，因为记账凭证是会计人员根据审核后的原始凭证进行归类、整理，按照会计准则和记账规则确定会计分录而编制的凭证，是登记账簿的依据。如果记账凭证丢了，还可以根据原始凭证重新编制记账凭证，不至于对会计工作造成太大影响。

而小李弄丢的 50 万元的现金支票存根属于原始凭证，并且是外来原始凭证，是证明经济业务发生的初始文件，与记账凭证相比较，具有较强的法律效力，是证明经济业务发生的重要依据。一旦丢失，补齐原始凭证（尤其是外来原始凭证）的成本较高，同时也令记账凭证和会计分录缺乏依据。此外，现金付款凭证所附原始凭证与凭证所注张数不符，说明原始凭证有丢失，或者是所注张数出错，这些都是较为严重的问题。

案例二提示：

1. 库存现金、银行存款日记账必须要采用订本式账簿，而记录内容是比较复杂的财产明细账，如固定资产卡片则需使用卡片式账簿，除此之外的明细账可以使用活页式账簿，该公司所有账簿都采用活页账显然不够规范。

2. 会计账簿具有重要意义，记录在会计凭证上的信息是分散、不系统的。为了把分散在会计凭证中的大量核算资料加以集中归类反映，为经营管理提供系统、完整的核算资料，并为编报会计报表提供依据，就必须设置和登记账簿。设置和登记账簿是会计核算的专门方法之一。所以，对于会计凭证必须要登记入账，不可单凭会计凭证控制。

3. 如果发现账簿记录有错误，应按规定的方法进行更正，不得涂改、挖补或用涂改液消除字迹。更正错误的方法有划线更正法、红字更正法及补充登记法。显然，案例中的公司允许使用涂改液的做法是错误的。

4. 由于现金和银行存款是企业重要的资产，同时又是非常容易出问题的地方，所以为了加强内部控制，必须坚持内部牵制原则，实行钱、账分管，出纳人员不得负责登记现金日记账和银行存款日记账以外的任何账簿。出纳人员登记现金日记账和银行存款日记账后，应将各种收付款凭证交由会计人员据以登记总分类账及有关的明细分类账。

综上所述，该公司的会计内部制度明显存在一系列问题，李华先生将面临较大的职业风险，如果处在该职位应该选择辞职。

自测题参考答案

一、单项选择题

1. B　2. C　3. B　4. A　5. C　6. C　7. A　8. C　9. C　10. B
11. C　12. B　13. C　14. D　15. A　16. A　17. B　18. C

二、多项选择题

1. BCD　2. BCDE　3. BCD　4. ADE　5. ADE　6. ABCDE
7. BD　8. ABC　9. ACDE　10. AB　11. CD　12. ABD
16. ACE　14. ABC　15. ABD　16. ABCD　17. ABC

三、判断题

1. ×　2. ×　3. ×　4. ×　5. √　6. ×　7. √　8. ×　9. ×
10. √　11. √　12. ×　13. ×　14. √　15. √　16. ×　17. ×　18. ×

四、业务题

①划线更正法

②借：短期借款　　[36 000]

　　贷：银行存款　　[36 000]

③借：应付费用　　[2 400]

　　贷：银行存款　　[2 400]

　借：预付账款　　2 400

　　贷：银行存款　　2 400

第六章 财产清查

第一部分　学习指导

一、学习目的和要求

财产清查是会计核算的一种方法，学习本章的目的和要求是：能熟练运用财产清查的常用方法并进行正确的会计处理。

二、本章主要内容导图（图6－1）

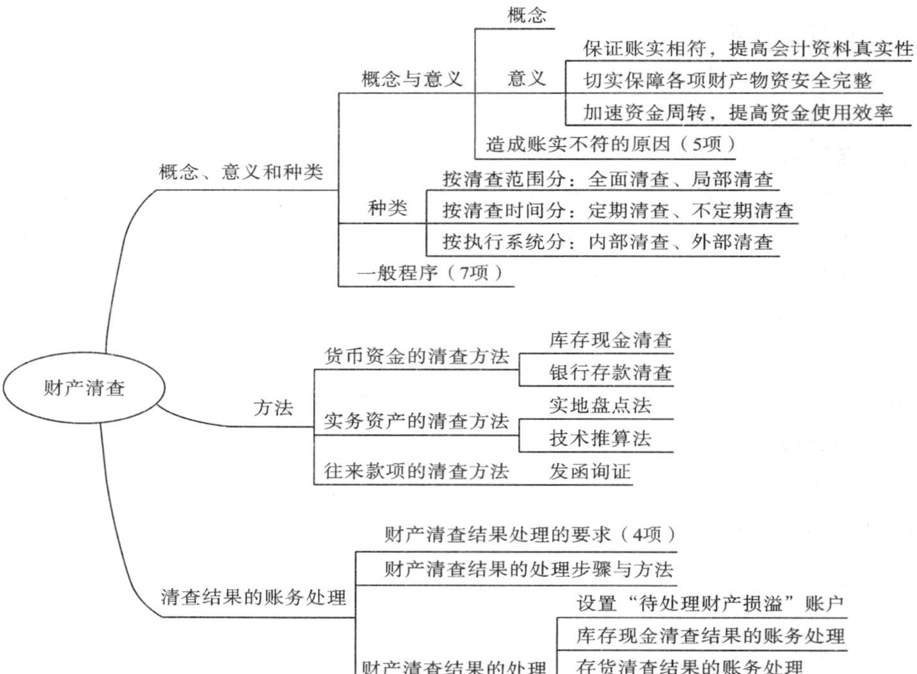

图6－1　财产清查思维导图

三、学习方法

（1）阅读教材，掌握不同财产物资采用不同清查方法的比较、不同的清查结果运用不同的账务处理的比较。

（2）认真参与教材中的业务处理。

（3）进行大量的练习。

（4）参加讨论，增进理解。

四、应掌握的主要内容

（一）基本概念

财产清查　永续盘存制　实地盘存制

（二）永续盘存制和实地盘存制的比较

永续盘存制，又称账面盘存制，是指对财产物资的收入和发出，都必须根据会计凭证在有关账簿中进行连续登记，并随时结出各种财产物资的账面结存数。其具体做法是：在收到或发出某些财产物资（这里主要指存货）时，根据记录收入或发出业务的会计凭证，逐笔逐日在该存货明细账上作连续记录，并按原存货结存额加收入额减发出额计算出余额。

实地盘存制平时只记收入，不记发出，期末采用实地盘点的方法来确定存货的实存数量，从而计算出结存余额，倒挤出本期发出的财产物资的金额并予以入账的一种方法。其具体做法是：①平时在账簿中登记物资的收入数，不登记发出数；②期末实地盘点，确定财产物资的实存数；③根据实存数，计算结存余额，根据"本期发出数＝期初结存数＋本期增加数－期末实存数"倒挤出本期发出的财产物资的金额。

两种制度的相同之处在于：

（1）两者都是财产物资的盘存制度；

（2）两者都要在账簿中记录财产物资的收入数；

（3）两者都要在期末进行实地盘点。

两种制度的不同之处在于：

（1）平时的账务处理不同。永续盘存制要求在账簿中逐笔逐日记录财产物资的收入数和发出数，并计算出余额。但实地盘存制平时只记收入数，不记发出数，期末采用实地盘点的方法来确定存货的实存数量，从而倒挤出结存余额。

（2）期末盘点的目的不同。永续盘存制期末采用实地盘点的目的是为了账实对比，找出差异，分清责任，加强管理。而实地盘存制期末采用实地盘点的目的是为了确定存货的实存数量，从而到倒挤出结存余额。

（3）优缺点不同。采用永续盘存制，核算工作量比较大，但核算手段严密，能够及时反映各项财产物资的收入、发出和结存情况，有利于加强财产物资的管理。

采用实地盘存制，其日常核算工作比较简单，但不能及时通过账簿记录反映财产物资的发出和结存情况，用倒挤法算出的本期减少数，掩盖了损失浪费甚至贪污盗窃财产物资的情况，不利于发挥会计监督作用。

（4）适用范围不同。永续盘存制适用于价值高、收发次数不太频繁的财产物资。实地盘存制适用于价值低、品种杂、收发频繁的财产物资。

（五）财产清查的方法

各项财产的存在形态不同，具体清查方法也各异。目前运用的主要方法有：

（1）实地盘点法。实地盘点法是指对各项实物通过逐一清点，或用计量器确定其实存数量的方法。这种方法适用范围较广泛，大部分财产物资都采用这种方法，如存货、现金等等。

（2）核对法。核对法是指将两种或两种以上的书面资料相互对照，以验证其内容是否一致的方法。银行存款的清查即可用此法。

（3）查询法。查询法是指通过调查征询的方式，取得必要资料，以查明其实际情况的方法。查询法又分为面询法和函询法两种。函询法就是发函给有关单位或个人，让对方通过函件来说明经济业务的实际情况，作为判断问题的依据。往来账项的清查，一般采用函询法。面询法是直接找有关个人进行面谈。往来款项（包括各种应收、应付、预收、预付款）的清查可采用查询法。

（六）“待处理财产损溢”账户的使用方法

为了核算和监督在财产清查中发现的各种财务物资的盘盈、盘亏和毁损数，应设置“待处理财产损溢”账户。该账户的借方登记各种财产物资（包括流动资产和固定资产）的盘亏、毁损及企业按照规定程序批准的流动资产盘盈转销数；贷方登记各种财产物资（只包括流动资产）的盘盈数及按照规定程序批准的流动资产和固定资产盘亏毁损转销数。按照《企业会计准则第 28 号——会计政策、会计估计变更和差错更正》的规定，固定资产盘盈不通过“待处理财产损溢”账户，而通过“以前年度损益调整”账户。“待处理财产损溢”账户下设置“待处理固定资产损溢”和“待处理流动资产损溢”两个明细账，进行明细分类核算。

盘盈的存货，按其重置成本贷记“待处理财产损溢”账户；盘盈的其他流动资产，按其估计成本贷记“待处理财产损溢”账户。盘盈的固定资产，按其估计的原价与折旧额之差，借记“以前年度损益调整”账户贷方。审批后，应按批复意见进行转账：盘盈的固定资产一般转入“利润分配——未分配利润”；原材料等流动资产一般冲减“管理费用”等账户。

审批前，对于固定资产的盘亏或毁损，应按其账面原值减折旧额，借记“待处理财产损溢”账户；盘亏、毁损的流动资产应按账面数借记“待处理财产损溢”账户。审批后，应按批复意见进行转账：盘亏和毁损的固定资产，应按其原价扣除累计折旧、变价收入和过失人及保险公司赔款后的差额，记入“营业外支出”账户。原材料等流动资产的盘亏和毁损，应根据不同情况分别处理：对于定额内的自然损耗，应借记“管理费用”账户；因有关人员工作过失造成的损失，应借记“其他应收款”账户；因自然灾害等原因造成的非常损失，扣除残料价值和保险公司赔款后的净损失应记入“营业外支出”账户。

特别注意：

（1）企业在财产清查中查明的有关债权、债务的坏账收入或坏账损失，经确认批准后，按照有关会计记录直接转销，不需要通过“待处理财产损溢”账户核算。

（2）期末无余额。平时，财产清查产生的盘盈、盘亏和毁损，在批准之前保留在“待处理财产损溢”账户中，经批准以后记入相关的损益科目或其他科目。期末，如果尚未批准，仍然应将待处理财产损溢科目中的余额转入相关的损益科目或其他科目，期末无余额。

（3）固定资产的盘盈如何通过“以前年度损益调整”账户处理，将在财务会计中介绍。

第二部分　练习题、自测题及参考答案

练习题

一、单选题

1. 库存现金的清查，一般应采用（　　）。
   A. 账目核对法　B. 技术推算法　C. 实地盘点法　D. 定期清查法
2. 因非常损失造成的材料盘亏，经批准应转入的账户是（　　）。
   A. 管理费用　B. 制造费用
   C. 营业外支出　D. 其他业务支出
3. 下列各项需要采用技术推算盘点的资产有（　　）。
   A. 机器设备　B. 房屋建筑物
   C. 库存现金　D. 露天堆放的煤
4. 财产清查中发现固定资产盘盈，应先记入的账户是（　　）。
   A. 营业外支出　B. 营业外收入
   C. 以前年度损益调整　D. 待处理财产损溢
5. 财产物资的盘亏是指（　　）。
   A. 账面数和实存数相等　B. 账面数大于实存数
   C. 账面数小于实存数　D. 账面数出现记录错误
6. “盘存表”是一张反映企业财产物资实有数的（　　）。
   A. 外来原始凭证　B. 自制原始凭证
   C. 记账凭证　D. 转账凭证
7. 固定资产清查的基本方法是（　　）。

A. 实地盘点　　B. 账面盘存
C. 核对　　D. 查询

8. 采用实地盘存制，对于财产物资的增减变动，平时在账簿中登记的方法是（　　）。

A. 只登记收入，不登记发出　　B. 只登记发出，不登记收入
C. 收入、发出都要登记　　D. 收入、发出都不登记

9. 企业存货全部清查时，其清查范围是（　　）。

A. 企业使用中的存货
B. 材料、产成品、半成品、在产品等
C. 属于企业所有的全部存货
D. 企业所有以及受托加工、保管的存货等

10. 对于长期挂在账上的应付账款，在批准转销时应记入（　　）科目。

A. 营业外支出　　B. 营业外收入
C. 应付账款　　D. 待处理财产损溢

11. 一般来说，单位撤销、合并或改变隶属关系时，要进行（　　）。

A. 全面清查　　B. 局部清查
C. 实地盘点　　D. 技术推算

12. 坏账损失是指（　　）。

A. 确实无法收回的应收款项　　B. 营业外收入
C. 营业外支出　　D. 无法支付的应付款项

13. 银行存款的清查方法，就是将（　　）进行核对。

A. 银行存款日记账和总分类账
B. 银行存款日记账和银行存款收、付款凭证
C. 银行存款日记账和银行对账单
D. 银行存款总分类账与银行存款收、付款凭证

14. 在记账无误的情况下，银行对账单与银行存款日记账账面余额不一致的原因是有（　　）。

A. 应付账款　　B. 应收账款
C. 外埠存款　　D. 未达账项

15. "现金盘点报告表"应由（　　）签章方能生效。

A. 经理和出纳　　B. 会计和盘点人员
C. 盘点人员和出纳　　D. 会计和出纳

二、多项选择题

1. "待处理财产损溢"账户贷方登记的内容是（　　）。

A. 财产物资盘亏　　B. 除固定资产以外的财产物资盘盈
C. 坏账损失　　D. 财产物资盘亏的转销

E. 财产物资盘盈的转销

2. 财产物资盘盈的主要原因有（　　）。

A. 收入多记、重记　　B. 收入少记、漏记

C. 发出少记、漏记　　D. 发出多记、重记

E. 自然升溢

3. 财产清查，按照清查的范围和对象，可以分为（　　）。

A. 外部清查　　B. 内部清查

C. 局部清查　　D. 全面清查

E. 财产物资盘盈的转销

4. 全面清查的范围一般是（　　）。

A. 年终决算之前　　B. 清产核资

C. 单位撤销、合并或改变隶属关系　　D. 对外长期投资

E. 季度结算之前

5. 下列各项经济业务应在“待处理财产损溢”账户借方反映的有（　　）。

A. 无法收回的债权　　B. 无法支付的债务

C. 材料盘亏　　D. 固定资产盘亏

E. 盘盈的流动资产经批准转销

6. 与外单位核对账目的方法适用于（　　）。

A. 现金的清查　　B. 银行存款的清查

C. 往来款项的清查　　D. 材料的清查

E. 固定资产的清查

7. 流动资产的盘亏和毁损，经批准后转账，所编的会计分录涉及的账户有（　　）。

A. “管理费用”账户的借方　　B. “营业外支出”账户的借方

C. “待处理财产损溢”账户的贷方　　D. “其他应付款”账户的借方

E. “产成品”账户的贷方

8. 关于永续盘存制，下列说法中正确的是（　　）。

A. 便于加强会计监督　　B. 工作简单、工作量小

C. 可随时结出账面结存数　　D. 可能发生账实不符的情况

E. 不能随时结出账面结存数

9. 下列清查属于局部清查的是（　　）。

A. 债权债务的核对

B. 月末银行存款的核对

C. 月末现金结账时的清查

D. 贵重的财产物资，每月清查盘点一次

E. 年终结算的财产清查

10. 下列各项属于未达账项的有（　　）。

A. 企业收到支票存入银行，并已记银行存款增加，银行尚未记账

B. 银行代企业付水电费，企业尚未入账

C. 企业开出一张支票支付购料款，并记银行存款减少，银行未接到支票

D. 银行收到某单位给企业的汇款，已记银行存款增加，企业尚未收到通知

E. 银行代企业支付电话费，企业收到通知并入账

11. “银行存款余额调节表”的作用是（　　）。

A. 可调节企业银行存款日记账账面余额

B. 确定企业可实际动用的款项

C. 调节后双方余额相等，说明双方记账相符

D. 通过对未达账项调整后才能确定双方记账是否一致

E. 能用来调节银行账面余额

三、判断题

1. 对现金进行清查时，由于出纳人员是当事人，所以不需要出纳人员在场。（　　）

2. 企业对固定资产盘亏的数额，经批准后应由“待处理财产损溢”科目转入“营业外支出”科目。（　　）

3. 未达账项是造成企业银行存款日记账与银行对账单余额不等的唯一原因。（　　）

4. 月末企业银行存款的实有数额为银行对账单余额加上企业已收、银行未收款项，减去企业已付、银行未付的款项。（　　）

5. 在采用“永续盘存制”下，仍需要再对各项财产物资进行实地盘点。（　　）

6. 从财产清查的对象和范围看，年终结算前对企业财产物资所进行的清查一般属于全面清查。（　　）

四、问答题

1. 永续盘存制和实地盘存制各自有什么样的优缺点？

2. 造成企业账实不符的原因有哪些？

3. 企业与银行之间的未达账项有几种情况？

4. 财产清查中发现的坏账损失如何处理？

5. 在进行财产清查时，财产物资、库存现金、银行存款和往来款项的清查方法有什么不同？

五、业务题

练习一

（一）目的：练习永续盘存制下材料明细账的登记方法。

（二）资料：某企业 2018 年 5 月份 B 材料月初库存和本期收发情况如下：

5 月 1 日	结存	100 千克	单价 4 000 元	计 400 000 元
①5 月 1 日	发出	40 千克		
②5 月 2 日	购入	50 千克	单价 4 400 元	计 220 000 元
③5 月 10 日	发出	90 千克		
④5 月 18 日	购入	100 千克	单价 4 600 元	计 460 000 元
⑤5 月 20 日	发出	40 千克		

（三）要求：根据上列资料，在永续盘存制下：

①用先进先出法登记本月 B 材料明细账；

②用全月一次加权法登记本月 B 材料的明细账。

练习二

（一）目的：练习财产清查的核算。

（二）资料：北方公司 2018 年 10 月份财产盘点情况如下：

①上月 A 材料盘盈 10 千克，价值 80 元，B 材料盘亏 12 千克，价值 114 元。均系计量差错，经批准予以转销。

②经批准将上月财产清查中账外固定资产的净收益 4 000 元转作利润分配，将盘亏固定资产的净损失 5 000 元转作营业外支出。

③财产清查中，发现账外车床一台，原值 12 000 元，已折旧 5 000 元。丢失空调设备一台，原值 18 000 元，已折旧 8 000 元，原因尚待查清。

④ D 材料账面余额 800 千克，单价 12 元，C 材料账面余额 1 200 千克，单价 15 元。清查结果，实存 D 材料 750 千克，C 材料 1 220 千克。

⑤ 5 日盘点库存现金，发现短缺 125 元。

⑥经查，上述现金短缺系出纳员责任，应由其赔偿。

⑦收到出纳员赔款 125 元。

⑧ 15 日盘点库存现金，发现实际比账面多出 50 元。

⑨经反复核查，上述现金长款原因不明，净批准转作营业外收入处理。

（三）要求：为上述经济业务编制会计分录。

练习三

（一）目的：练习银行存款的清查。

（二）资料：北方公司 2018 年 10 月 30 日，收到开户银行对账单，对账单余额 599 042 元，而企业银行存款日记账余额为 624 831 元，经逐笔核对，发现未达账项如下：

① 10 月 29 日，企业销售产品，收到转账支票 20 000 元，送存银行，银行尚未收到该笔款项。

② 10 月 29 日，企业开出转账支票支付水电费 9 300 元，银行尚未划转该笔款项。

③ 10 月 29 日，银行收到企业委托代收的某公司购货款 5 000 元，已存入企业账户，企业尚未收到收款通知。

④ 10 月 29 日，银行已扣掉企业应付的借款利息 20 089 元，企业尚未收到付息通知。

（三）要求：编制银行存款余额调节表。

六、案例分析题

【案例一】

经理滥用职权导致盘亏

长江公司的副经理何某，将企业正在使用的一台设备借与其朋友使用，未办理任何手续。清查人员在年底盘点时发现盘亏了一台设备，原值 50 万元，已计提折旧 20 万元，净值为 30 万元。经查，属何副经理所为。于是派人向借方追索。但借方声称，该设备已被人偷走。当问及何副经理对此处理意见时，何某建议按正常报废处理。

案例要求：

1. 盘亏的设备按正常报废处理是否符合会计制度要求？

2. 企业应该怎样处理盘亏的设备？

【案例二】

包工包料偷逃增值税税款

审计人员在审查红星公司 2017 年资产负债表时发现，有一笔待处理流动资产净损失 50 万元，审查其明细账时得知是部分库存材料盘亏，但在审查会计凭证时发现：

红星公司 12 月 15 日 20#凭证购买装饰材料时，编制如下分录：

借：原材料	500 000	
应交税费——应交增值税（进项税额）	85 000	
贷：银行存款		585 000

红星公司 12 月 15 日 22#记账凭证后未附有原始凭证，编制如下分录：

借：待处理财产损溢——待处理流动资产损溢	580 000	
贷：原材料		500 000
其他应付款		80 000

红星公司 12 月 18 日编制的记账凭证是：

借：管理费用	580 000	
贷：待处理财产损溢——待处理流动资产损溢		580 000

上述会计分录的可疑之处在于：红星公司是因何原因将材料损失的 8 万元记入了“其他应付款”账户？审计人员对“其他应付款”的明细进行了审查，发现了一笔应付给明亮装饰公司的装饰用工费值得怀疑。因此审计人员实际察看了红星公司的会议室，从外观上看是最近装修的，单从会计账簿、会计凭证中未发现有任何记

录。于是审计人员找到明亮装饰公司的何经理询问此事。据何经理反映，他们为红星公司装饰会议室不仅出了工，还购买了装饰材料。

案例要求：

1. 根据这些证据，你认为红星公司都有哪些违法行为？
2. 红星公司应如何真实记录该项经济业务？

自测题

一、单项选择题

1. 财产物资的盘盈是指（　　）。
   A. 账存数大于实存数　　B. 实存数大于账存数
   C. 由于记账差错多记发出的金额　　D. 由于记账差错少记收入的金额
2. 企业银行存款日记账与银行存款对账单的核对属于（　　）。
   A. 账实核对　　B. 账证核对
   C. 账账核对　　D. 账表核对
3. 财产清查属于（　　）。
   A. 会计核算方法　　B. 会计检查方法
   C. 会计分析方法　　D. 会计控制方法
4. 对于往来款项的清查应采用（　　）。
   A. 估计法　　B. 查询法　　C. 推算法　　D. 实地盘点法
5. 财产盘亏或盘盈后（　　）。
   A. 一般不需作账务处理
   B. 可直接作为损失或收益处理
   C. 须按规定在批准前和批准后分别作相关处理
   D. 可由会计人员随意处理
6. 财产物资的盘存制度是（　　）。
   A. 权责发生制　　B. 收付实现制
   C. 永续盘存制、实地盘存制　　D. 应计制、现金制
7. 采用实地盘存制时，财产物资的期末结存数就是（　　）。
   A. 账面结存数　　B. 实地盘存数
   C. 收支抵减数　　D. 滚存结余数
8. 采用永续盘存制时，财产清查的目的是检查（　　）。
   A. 账实是否相符　　B. 账证是否相符
   C. 账账是否相符　　D. 账表是否相符
9. 在实地盘存制下，平时对各项财产物资在账簿中的登记方法是（　　）。
   A. 通过财产清查确定增加数、减少数，据以入账
   B. 增加数、减少数都要根据会计凭证登记入账

C. 只登记减少数，不登记增加数

D. 只登记增加数，不登记减少数

10. 大堆、笨重物资的实物数量的清查方法，常用（　　）。

A. 永续盘存制　　B. 实地盘存制

C. 实物盘点法　　D. 技术推算法

11. 对现金的清查方法应采用（　　）。

A. 技术推算法　　B. 实物盘点法

C. 实地盘存制　　D. 查询核对法

12. 银行存款的清查是将银行存款日记账记录与（　　）核对。

A. 银行存款收款、付款凭证　　B. 总分类账银行存款科目

C. 银行对账单　　D. 开户银行的会计记录

13. 代为保管的贵重资料的清查可采用（　　）。

A. 实物盘点法　　B. 账账核对法

C. 技术推算法　　D. 查询核对法

二、多项选择题

1. 全面清查，一般是在（　　）进行的。

A. 年终

B. 月终

C. 单位撤销、合并或改变隶属关系时

D. 一次性清产核资时

E. 季末

2. 不定期清查，一般在（　　）时进行。

A. 财产保管员变动　　B. 自然灾害造成部分财产损失

C. 部分财产霉变　　D. 企业财产被盗

E. 会计人员变动

3. 财产的盘存制度有（　　）。

A. 永续盘存制　　B. 收付实现制

C. 权责发生制　　D. 实地盘存制

E. 内部稽核制

4. 采用实地盘存制，企业财产物资账簿的登记方法是（　　）。

A. 平时登记增加数　　B. 平时不登记增加数

C. 平时登记减少数　　D. 平时不登记减少数

E. 随时结出账面余额

5. 企业存货发生盘盈盘亏，应先记入“待处理财产损溢”科目，待查明原因后分别转入（　　）。

A. 营业外支出　　B. 营业外收入

C. 管理费用　　D. 存货

E. 其他应收款

6. 通过财产清查要求做到（　　）。

A. 账物相符　B. 账款相符　C. 账账相符　D. 账证相符

E. 账表相符

7. 采用实地盘点法的清查对象有（　　）。

A. 固定资产　　B. 材料

C. 银行存款　　D. 现金

E. 应收账款

8. 财产清查中遇到账实不符时，用以调整账簿记录的原始凭证有（　　）。

A. 盘存单　　B. 实存账存对比表

C. 现金盘点报告表　　D. 银行对账单

E. 银行存款余额调节表

9. 企业银行存款日记账账面余额大于银行对账单余额的情况有（　　）。

A. 企业账簿记录有差错　　B. 银行账簿记录有差错

C. 企业已收入入账，银行未达　　D. 银行已作付出入账，企业未达

E. 银行已作收入入账，企业未达

10. 下列各项需要进行全面清查的情况有（　　）。

A. 年终决算前　　B. 对外投资时

C. 开展清产核资时　　D. 单位主要负责人调离工作时

E. 原单位撤销合并或改变隶属关系时

11. 下列各项说法正确的是（　　）。

A. 对于现金，应由出纳员日清月结

B. 对于银行存款和银行借款，应由出纳员每月同银行核对一次

C. 对于材料、在产品、产成品除了年度清算外，无须再进行清查

D. 对于债权债务，应在年度内至少核对一次

12. 财产清查，按清查时间可分为（　　）。

A. 全面清查　B. 局部清查　C. 定期清查　D. 不定期清查

E. 年终清查

13. 核对账目的方法适用于（　　）。

A. 固定资产的清查　　B. 现金的清查

C. 银行存款的清查　　D. 往来款项的清查

E. 材料的清查

14. 财产物资的盘存制度有（　　）。

A. 实地盘点法　　B. 技术推算盘点

C. 永续盘存制　　D. 实地盘存制

E. 对账制

15. 在财产清查结果的账务处理中，经批准记入“营业外支出”的盘亏损失有（　　）。

A. 固定资产盘亏净损失　　B. 自然灾害造成的流动资产损失

C. 坏账损失　　D. 责任事故造成的流动资产损失

E. 应由责任人赔偿的损失

16. 关于“待处理财产损溢”账户，下列说法中正确的是（　　）。

A. 借方登记待处理财产物资盘亏净额

B. 借方登记结转已批准处理流动资产盘盈数

C. 贷方登记待处理流动资产盘盈数及结转已批准处理财产物资盘亏净额

D. 期末余额在借方，表示待处理的盘盈或盘亏数

E. 期末余额在借方或贷方，分别表示尚待批准的盘亏或盘盈差额数

三、业务题

练习一

（1）目的：练习资产清查的会计处理。

（2）资料：南方公司2018年12月30日清查库存商品，发现以下情况并及时进行会计处理：

①发现账外设备一台，其重置完全价值为80 000元，估计已计提折旧额20 000元。

②发现盘亏设备一台，其原价为200 000元，累计折旧为50 000元。

③应收某企业货款50 000元，经清查，确属无法收回，经批准转作坏账损失。

④在财产清查中，企业将无法支付的应付账款20 000元经批准予以转销。

⑤现盘盈A材料3 000元；盘亏B材料5 000元；盘亏C材料20 000元。

⑥经查明A材料盘盈是由收发计量上的误差所致，经批准冲减管理费用。

⑦经查，B材料盘亏是由保管员管理不善造成的材料毁损，应由过失人赔偿1 000元，毁损残料价值200元已入库，经批准，净损失记入管理费用。

⑧C材料盘亏是由非常灾害造成的材料毁损。经协商保险公司同意赔偿15 000元，其余转作营业外支出。

⑨收到保险公司赔款15 000元，同时转销盘盈、盘亏的设备。

⑩发现库存现金较账面余额多出30元。经反复查核，其长款原因不明，经批准后已作相应处理。

（3）要求：对清查结果进行有关的账务处理。

练习二

（1）目的：练习银行存款的清查。

（2）资料：某公司2018年6月25—30日银行存款日记账和银行送来的对账单内容如下：

银行存款日记账

2018 年		凭证号数	摘要	结算凭证		对方科目	收入	支出	余额
月	日			种类	号数				
6	25	略	余额			略			20 000
	26		收立夏厂销货款	转支	762 114		1 396		21 396
	27		支付进货款	转支	8 064			1 692	19 704
	27		由京西进货	转支	8 065			7 500	12 204
	28		收大华销货款	转支	30 236		2 280		14 484
	28		收四通公司货款	现支	21 425		1 000		15 484
	29		支付水费	转支	8 067			830	14 654
	30		由华阳厂进货	转支	32 251			2 400	12 254

中国工商银行×××分理处对账单

户名：某公司　账号：2611421—21

2018 年		摘要	结算凭证		存入	支出	余额
月	日		种类	号数			
6	25	余额					20 000
	26	存入销货款	转支	762 114	1 396		21 396
	27	收海云公司货款	委支	7 621	11 800		33 196
	28	代付电话费	转支	8 063		1 290	31 906
	29	支付货款	转支	8 064		1 692	30 214
	29	支付水费	转支	8 067		830	29 384
	30	存款利息	转支	8 068	350		29 734
	30	由华阳厂进货	转支	32 251		2 400	27 334

（三）要求：根据上述资料核对银行存款日记账和银行对账单，确定未达账项，编制 6 月 30 日银行存款余额调节表。

练习题参考答案

一、单项选择题

1. C　2. C　3. D　4. C　5. B　6. B　7. A　8. A　9. D　10. B
11. A　12. A　13. C　14. D　15. C

二、多项选择题

1. BD　2. BCE　3. CD　4. ABC　5. CDE　6. BC

7. ABCD　8. ACD　9. ABCD　10. ABCD　11. BCD

三、判断题

1. ×　2. √　3. ×　4. √　5. √　6. ×

四、问答题（略）

五、业务题

练习一

1. 用先进先出法登记本材料明细账：

材料明细账

材料名称：B　　　　单位：千克

2018年		摘要	收入			发出			结存		
月	日		数量	单价	金额	数量	单价	金额	数量	单价	金额
5	1	期初余额							100	4 000	400 000
	1	发出				40	4 000	160 000	60	4 000	240 000
	3	收入	50	4 400	220 000				60	4 000	460 000
									50	4 400	
	10	发出				60	4 000	240 000	20	4 400	88 000
						30	4 000	132 000			
	18	收入	100	4 600	460 000				20	4 400	54 800
									100	4 600	
	20	发出				20	4 400	88 000	80	4 600	36 800
						20	4 600	92 000			
合计			150		680 000	170		712 000	80	4 600	368 000

2. 用加权平均法登记B材料明细账：

材料明细账

材料名称：B材料　　　　单位：千克

2018年		摘要	收入			发出			结存		
月	日		数量	单价	金额	数量	单价	金额	数量	单价	金额
5	1	期初余额							100	4 000	400 000
	1	发出				40			60		
	2	购入	50	4 400	220 000				110		
	10	发出				90			20		
	18	购入	100	4 600	460 000				120		
	20	发出				40					
合计			150		680 000	170	4 320	734 400	80	4 320	345 600

加权平均成本 =（400 000 +680 000）/（100 +150）=4 320（元）

发出材料成本 =170 ×4 320 =734 400（元）

练习二

①借：管理费用	114	
贷：待处理财产损溢——待处理流动资产损溢		114
借：待处理财产损溢——待处理流动资产损溢	80	
贷：管理费用		80
②借：以前年度损益调整	4 000	
贷：利润分配——未分配利润		4 000
借：营业外支出	5 000	
贷：待处理财产损溢——待处理固定资产损溢		5 000
③借：固定资产	12 000	
贷：累计折旧		5 000
以前年度损益调整		7 000
借：累计折旧	8 000	
待处理财产损溢——待处理固定资产损溢		10 000
贷：固定资产	18 000	
④借：待处理财产损溢——待处理流动资产损溢	600	
贷：原材料——D		600
借：原材料——C	300	
贷：待处理财产损溢——待处理流动资产损溢		300
⑤借：待处理财产损溢——待处理流动资产损溢	125	
贷：库存现金		125
⑥借：其他应收款	125	
贷：待处理财产损溢——待处理流动资产损溢		125
⑦借：库存现金	125	
贷：其他应收款		125
⑧借：库存现金	50	
贷：待处理财产损溢——待处理流动资产损溢		50
⑨借：待处理财产损溢——待处理流动资产损溢	50	
贷：营业外收入		50

练习三

银行存款余额调节表

2018 年 10 月 30 日

项目	金额	项目	金额
企业银行存款日记账余额	624 831	银行对账单余额	599 042
加：银行已入账企业未入账的收入款项	5 000	加：企业已入账银行未入账的收入款项	20 000
减：银行已入账企业未入账的支出款项	20 089	减：企业已入账银行未入账的支出款项	9 300
调整后的存款余额	609 742	调整后的存款余额	609 742

六、案例分析题

案例一提示：

1. 盘亏的设备按正常报废处理不符合会计制度要求。

2. 对于盘亏的固定资产，清查人员应向当事人索赔，如果当事人不能按期偿还，何某应该承担赔偿责任。

案例二提示：

1. 红星公司为装修豪华会议室投资了 58 万元。为了不从账面上反映出这一铺张浪费的行为，便将购料费和用工费 58 万元通过资产盘亏处理掉。这样做的结果是：

（1）抵扣了不应该抵扣的增值税进项税额，偷漏了增值税。

（2）虚增了当期费用，虚减了当期利润，少交了所得税。

2. 正确的做法是：

当购进装饰材料时

借：工程物资　　585 000

　贷：银行存款　　585 000

当领用工程物资并发生费用时

借：在建工程　　665 000

　贷：工程物资　　585 000

　　　其他应付款　　80 000

自测题参考答案

一、单项选择题

1. B　2. C　3. A　4. B　5. C　6. C　7. B　8. A　9. D　10. D

11. B　12. C　13. A

二、多项选择题

1. ACD　2. ABCDE　3. AD　4. AD　5. ACE　6. ABC

7. ABD　8. BC　9. ABCD　10. ACDE　11. ABD　12. CD

13. CD　　14. CD　　15. AB　　16. ABCE

三、业务题

练习一

①借：固定资产	80 000	
贷：累计折旧		20 000
以前年度损益调整		60 000
②借：待处理财产损溢——待处理固定资产损溢	150 000	
累计折旧	50 000	
贷：固定资产		200 000
③借：管理费用	50 000	
贷：应收账款		50 000
④借：应付账款	20 000	
贷：营业外收入		20 000
⑤借：待处理财产损溢——待处理流动资产损溢	25 000	
贷：原材料——B		5 000
——C		20 000
借：原材料——A	3 000	
贷：待处理财产损溢——待处理流动资产损溢		3 000
⑥借：待处理财产损溢——待处理流动资产损溢	3 000	
贷：管理费用		3 000
⑦借：其他应收款	1 000	
原材料	200	
管理费用	3 800	
贷：待处理财产损溢——待处理流动资产损溢		5 000
⑧借：其他应收款	15 000	
营业外支出	5 000	
贷：待处理财产损溢——待处理流动资产损溢		20 000
⑨借：银行存款	15 000	
贷：其他应收款		15 000
借：以前年度损益调整	60 000	
贷：利润分配——未分配利润		60 000
借：营业外支出	150 000	
贷：待处理财产损溢——待处理固定资产损溢		150 000
⑩借：库存现金	30	
贷：待处理财产损溢——待处理流动资产损溢		30

借：待处理财产损溢——待处理固定资产损溢　　30
　贷：营业外收入　　30

练习二

银行存款余额调节表

2018 年 6 月 30 日

项　目	金　额	项　目	金　额
企业银行存款日记账余额	12 254.00	银行对账单余额	27 334.00
加:银行已入账企业未入账的收入款项	11 800 + 350	加:企业已入账银行未入账的收入款项	2 280 + 1 000
减:银行已入账企业未入账的支出款项	1 290	减:企业已入账银行未入账的支出款项	7 500
调整后的存款余额	23 114.00	调整后的存款余额	23 114.00

第七章
财务报表

第一部分　学习指导

一、学习目的和要求

编制财务报表是会计循环的最后一个步骤。本章介绍财务报表的作用、种类和编制要求。重点介绍了资产负债表、利润表和所有者权益变动表的基本原理及其编制方法。对现金流量表的作用、基本结构、财务报表分析的基本方法和相关的财务指标的计算也作了简单的介绍。通过本章的学习，应初步掌握编制和分析主要会计报表所必备的基础知识，具体如下：

（1）了解财务报表编制的意义及作用；

（2）了解财务报表体系的构成及其按不同标准的分类；

（3）掌握资产负债表、利润表的意义、结构和编制方法；

（4）了解所有者权益变动表的基本原理和结构；

（5）了解现金流量表的基本原理和结构；

（6）了解财务报表分析的基本方法和常用的财务指标。

二、本章主要内容导图（图7－1）

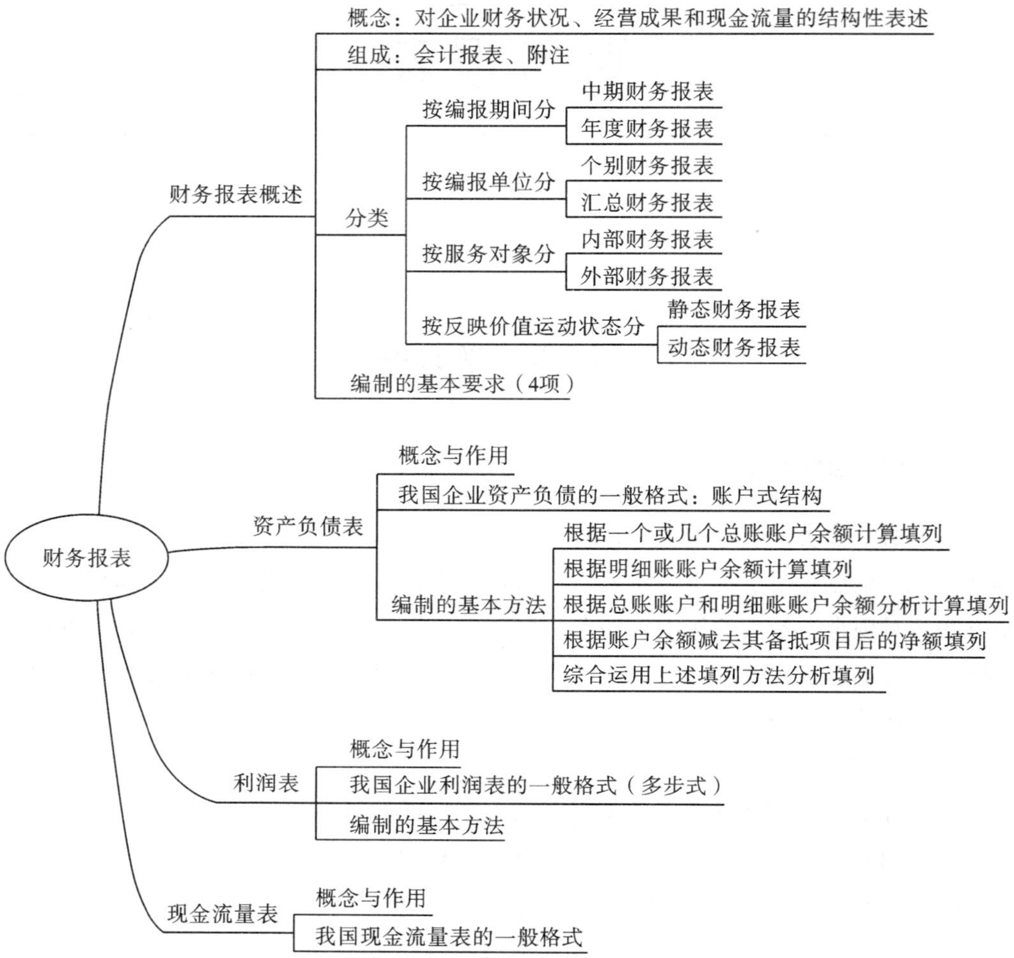

图7－1　财务报表思维导图

三、学习方法

编制财务报表是对日常核算的总结，它是会计循环的最后一个步骤，也是会计核算的一个重要方法，在学习时，应注意把握以下几个方面的问题：

（1）搞清编制财务报表的相关理论，例如什么是财务报表、为什么要编制财务报表、财务报表是如何分类的、编制财务报表有什么要求等。

（2）在学习了相关理论的基础上，应重点掌握资产负债表、利润表的编制技能。学习各类报表，应注意掌握各类报表的基本原理、报表的基本结构、具体的编制方法，并通过比较的方法，搞清各类报表之间的内在联系，以便深入地学习和掌握编制财务报表这一会计核算的方法。

（3）了解财务报表分析的一般方法，掌握财务报表分析中常用的反映偿债能力、营运能力和盈利能力三大类指标，并能初步运用这些指标进行财务报表的分析。

四、应掌握的主要内容

（一）基本概念

财务报表 静态报表 动态报表 资产负债表 利润表 所有者权益变动表 现金流量表 财务报表分析

（二）财务报表及其种类、财务报表的编制要求

财务报表包括资产负债表、利润表、所有者权益变动表、现金流量表及其报表附注。这些报表既有区别又有联系，它们从不同的角度反映企业经营成果、财务状况及其变动原因，共同构成了一个完整的财务报表体系。财务报表按不同的标准，可以分为若干类别，通过分类可以从不同的角度去分析各类报表，掌握它们的异同。

学习财务报表的编制要求，应与第一章的相关内容有机地结合，它具体体现了会计信息的质量要求。

（三）资产负债表

资产负债表是反映企业在某一特定日期财务状况的报表。它是以“资产 = 负债 + 所有者权益”这一会计等式所体现的静态要素之间的内在联系为依据来设计和编制的。其基本结构有报告式和账户式两种。

资产负债表是静态报表，该表各项目填列的基本方法是根据有关账户的期末余额填列。其具体填列方法有以下几种：①根据总分类账户余额直接填列；②根据若干个总账余额分析计算填列；③根据明细账余额分析计算填列；④根据表内各项目之间的关系计算填列。

（四）利润表

利润表是反映企业在一定会计期间经营成果的报表。它是根据“收入 - 费用 = 利润”这一会计等式所体现的动态要素之间的内在联系来设计和编制的。其基本格式有单步式和多步式两种。多步式利润表按照净利润的构成分类分项列示，从营业收入到净利润，经过多步计算，可得到多种收益信息。根据我国的有关规定，企业利润表采用多步式格式。

利润表是动态报表，该表各项目填列的基本方法是根据有关账户的本期发生额填列。其具体填列方法有以下几种：①根据有关账户的发生额直接填列；②根据有关账户的发生额计算填列；③根据表内相关项目的关系计算填列。

（五）所有者权益变动表

所有者（股东）权益变动表是反映构成所有者权益的各组成部分当期的增减变动情况的报表。

所有者权益变动表各项目应根据“股本”“资本公积”“盈余公积”“未分配利

润”等账户的发生额分析填列。

（六）现金流量表

现金流量表是反映企业在一定会计期间现金和现金等价物（以下简称现金）流入和流出的报表。它是在资产负债表和利润表反映企业财务状况和经营成果的基础上，通过经营活动、投资活动和筹资活动的现金流入、流出量和现金净流量来反映企业财务变动情况及其原因。

现金流量表分为主表和附表两大部分。主表按经营活动、投资活动和筹资活动三大项目分类顺序排列，每一项目又分别按现金流入和现金流出具体分为若干类别，并计算出各类活动的现金净流量。最后，加计现金及现金等价物的净增加额。现金流量表的主表采用直接法列报经营活动的现金流量。附表又称补充资料，它主要反映如何将净利润调整为经营活动的现金流量。现金流量表的附表，采用间接法列报经营活动的现金流量。

（七）财务报表分析

财务报表分析是指运用一定的方法和手段，对财务报表及相关信息进行加工、比较和分析，从而揭示报表各项目之间的内在联系及其变动趋势。其目的是评价企业过去的经营业绩、衡量企业现在的财务状况，从而预测企业未来的发展趋势，帮助会计信息的使用者作出更有效的经济决策。

财务报表分析中，常用的指标主要有反映偿债能力、营运能力和盈利能力三大类。

第二部分　练习题、自测题及参考答案

练习题

一、单项选择题

1. 按照反映会计要素的状态，资产负债表属于（　　）。

A. 资金报表　B. 财务报表　C. 动态报表　D. 静态报表

2. 按照反映会计要素的状态，利润表属于（　　）。

A. 资金报表　B. 财务报表　C. 动态报表　D. 静态报表

3. 资产负债表是反映企业在一定时期月末、季末或年末（　　）的会计报表。

A. 经营成果　B. 财务状况

C. 资产总额　D. 负债和所有者权益总额

4. 编制静态报表的主要依据是（　　）。

A. 账户的期初余额　B. 账户的期末余额

C. 账户的借方发生额　D. 账户的贷方发生额

5. 编制动态报表的主要依据是（　　）。

A. 账户的期初余额　　B. 账户的期末余额

C. 账户的本期发生额　　D. 账户的期初余额和期末余额

6. 财务决算报表是指（　　）。

A. 月报　　B. 季报　　C. 年报　　D. 日常报表

7. 在财务报表中，根据有关账户期末余额填列本期实际数的报表是（　　）。

A. 资产负债表　　B. 利润表

C. 现金流量表　　D. 资产负债表和利润表

8. 在财务报表体系中，所有者权益变动表是反映企业（　　）。

A. 经营成果的当期增减变动的报表

B. 股东权益当期增减变动的报表

C. 财务状况当期增减变动的报表

D. 负债和所有者权益当期增减变动的报表

9. "未分配利润"明细账户的贷方余额反映（　　）。

A. 未分配利润总额　　B. 累计未分配利润总额

C. 已分配利润总额　　D. 累计已分配利润总额

10. "未分配利润"明细账户的借方余额反映（　　）。

A. 未弥补亏损总额　　B. 累计未弥补亏损总额

C. 已弥补亏损总额　　D. 累计已弥补亏损总额

11. 转让无形资产使用权所取得的收入，在利润表中应列入（　　）项目。

A. 营业收入　　B. 未分配利润　　C. 营业外收入　　D. 投资收益

12. 现金流量表是以现金为基础编制的，这里的现金不包括（　　）。

A. 库存现金　　B. 短期银行存款

C. 交易性金融资产　　D. 其他货币资金

13. 某企业"应付账款"科目月末贷方余额为 20 000 元。其中："应付甲公司账款"明细科目贷方余额为 15 000 元，"应付乙公司账款"明细科目贷方余额为 5 000 元。"预付账款"科目月末借方余额为 30 000 元。其中："预付 A 工厂账款"明细科目借方余额为 40 000 元，"预付 B 工厂账款"明细科目贷方余额为 10 000 元。该企业月末资产负债表中"预付账款"项目的金额为（　　）元。

A. 40 000　　B. 30 000　　C. －30 000　　D. －10 000

14. 影响速动比率可信性的最主要因素是（　　）。

A. 存货的变现能力　　B. 短期证券的变现能力

C. 产品的变现能力　　D. 应收账款的变现能力

15. 若流动比率大于 1，则下列结论成立的是（　　）。

A. 速动比率大于 1　　B. 营运资金大于零

C. 资产负债率大于 1　　D. 短期偿债能力绝对有保障

二、多项选择题

1. 企业对外报送的财务报表包括（　　）。

A. 资产负债表　B. 利润表　C. 现金流量表　D. 生产费用表
E. 所有者权益变动表

2. 在下列报表中，应按月编报的有（　　）。
A. 资产负债表　B. 利润表　C. 现金流量表　D. 利润分配表
E. 主要业务收支明细表

3. 在资产负债表中，存货项目包括的内容有（　　）。
A. “材料采购”账户借方余额　B. “原材料”账户借方发生额
C. “生产成本”账户借方余额　D. “库存商品”账户借方余额
E. “低值易耗品”账户借方余额

4. 编制资产负债表时，下列根据总账余额直接填列的项目有（　　）。
A. 货币资金　B. 存货　C. 实收资本　D. 资本公积
E. 盈余公积

5. 编制资产负债表时，下列根据总账余额计算分析填列的项目有（　　）。
A. 货币资金　B. 存货　C. 实收资本　D. 无形资产
E. 长期待摊费用

6. 编制资产负债表时，下列根据明细账余额分析计算填列的项目有（　　）。
A. 应收账款　B. 应付账款　C. 预收账款　D. 预付账款
E. 长期待摊费用

7. 利润表的格式主要有（　　）。
A. 三栏式　B. 多栏式　C. 单步式　D. 棋盘式
E. 多步式

8. 编制利润表所依据的账户有（　　）。
A. 本年利润账户发生额　B. 利润分配账户发生额
C. 主营业务收入账户发生额　D. 主营业务成本账户的发生额
E. 期间费用账户的发生额

9. 编制财务报表的基本要求是（　　）。
A. 真实性　B. 相关性　C. 及时性　D. 可比性
E. 综合性

10. 填列“固定资产”项目应依据的资料有（　　）。
A. “固定资产”借方余额　B. “固定资产”贷方余额
C. “累计折旧”借方余额　D. “累计折旧”贷方余额
E. 固定资产减值准备

11. 资产负债表中的应付账款项目应根据（　　）填列。
A. 应付账款所属明细账贷方余额合计
B. 预付账款所属明细账贷方余额合计
C. 应付账款总账余额

D. 应付账款所属明细账借方余额合计

E. 预付账款所属明细账借方余额合计

12. 资产负债表中的“应收账款”项目应依据（　　）填列。

A. 应收账款所属明细账借方余额合计

B. 预收账款所属明细账借方余额合计

C. 应付账款所属明细账借方余额合计

D. 应收账款总账科目借方余额

E. 预收账款总账科目借方余额

13. 影响速动比率的因素有（　　）。

A. 应收账款　B. 存货　C. 长期借款　D. 应收票据

E. 预付账款

14. 影响资产利润率高低的因素主要有（　　）。

A. 产品的价格　B. 单位成本的高低

C. 产品的产量　D. 销售量

E. 资金占用量

三、判断题

1. 资产负债表是根据账户的发生额和期末余额编制的。（　　）

2. 利润表是根据损益类账户的发生额编制的。（　　）

3. 资产负债表上，“无形资产”项目反映的是无形资产的原值。（　　）

4. 资产负债表上，“存货”项目反映的是“原材料”和“生产成本”账户的借方余额。（　　）

5. 资产负债表上，将于一年内到期的长期投资应在流动资产下单列项目反映。（　　）

6. 各种存货在财务报表上应以实际成本列示。（　　）

7. 资产负债表上，将于一年内到期偿还的长期负债，应在流动负债下单列项目反映。（　　）

8. 利润表是反映企业利润形成和分配情况的报表。（　　）

9. 报表附注是财务报表的附表。（　　）

10. 利润分配表和主要业务收支明细表是利润表的附表。（　　）

11. 营业周期越长，说明企业的规模越大。（　　）

12. 尽管流动比率可以反映企业的短期偿债能力，但有的企业流动比率较高却没有能力支付到期的应付账款。（　　）

四、问答题

1. 企业为什么要编制财务报表?

2. 企业应编制哪些财务报表？财务报表按不同的标准是怎样分类的?

3. 编制财务报表应满足哪些信息质量的要求？为什么?

4. 什么是资产负债表？它的基本格式是怎样的？怎样编制资产负债表？

5. 什么是利润表？它的基本格式是怎样的？怎样编制利润表？

6. 什么是所有者权益变动表？它的基本格式是怎样的？怎样编制所有者权益变动表？

7. 现金流量信息对企业有什么重要意义？

8. 企业现金流量分为哪几类？

9. 现金流量表的编制基础是什么？现金等价物应具备哪些条件？

10. 财务报表分析有什么意义？

11. 反映企业偿债能力、营运能力和盈利能力的指标主要有哪些？这些指标是怎么计算的？有什么意义？

五、业务题

练习一

（一）目的：练习资产负债表相关项目的填列。

（二）要求：根据资料计算资产负债表中应收、应付、预收、预付账款项目的数额。

（三）资料：

1. 某企业 2018 年 9 月末有关账户余额为：

①应收账款总额 60 000 元

其中：A 单位 10 000 元（借）

B 单位 80 000 元（借）

C 单位 30 000 元（贷）

②应付账款总账 30 000 元

其中：D 单位 40 000 元（贷）

E 单位 20 000 元（贷）

F 单位 20 000 元（借）

G 单位 10 000 元（借）

2. 某企业 2018 年 10 月末有关账户余额为：

①应收账款——A　60 000（借）

——B　70 000（借）

——C　20 000（贷）

②应付账款——D　30 000（借）

——E　80 000（贷）

③预收账款——F　10 000（借）

——G　40 000（贷）

④预付账款——H　90 000（借）

——I　20 000（贷）

练习二

（一）目的：练习资产负债表的编制。

（二）要求：根据资料编制蓝天公司 2018 年 1 月 31 日资产负债表。

（三）资料：

蓝天公司 2018 年 1 月 31 日有关账户余额如下：

单位：元

账户名称	借方余额	账户名称	贷方余额
库存现金	2 000	短期借款	40 000
银行存款	61 480	应付账款	128 000
应收账款	106 400	应交税费	32 000
产成品	112 000	长期借款	466 800
生产成本	120 000	实收资本	750 000
原材料	26 000	本年利润	36 000
长期待摊费用	24 920	累计折旧	300 000
固定资产	1 300 000		
合计	1 752 800	合计	1 752 800

练习三

（一）目的：练习利润表的编制。

（二）要求：根据资料编制蓝天公司 2018 年 3 月利润表。

（三）资料：

蓝天公司 2018 年 3 月有关账户的资料如下：

主营业务收入 1 600 000 元；财务费用 20 000 元；其他业务收入 50 000 元

其他业务成本 40 000 元；主营业务成本 800 000 元；税金及附加 80 000 元

销售费用 40 000 元；营业外收入 40 000 元；投资收益 50 000 元

管理费用 200 000 元；营业外支出 60 000 元；所得税费用 125 000 元

练习四

（一）目的：练习利润表和资产负债表的编制。

（二）要求：

1. 根据资料编制华营公司 2018 年 12 月末的相关调整、结转分录。

2. 根据调整、结转分录过账、结账。

3. 根据各账户的发生额和余额编制 2018 年 12 月的利润表和 2018 年 12 月 31 日的资产负债表。

（三）资料：

1. 华营公司注册资本 95 万元，主要从事 A 产品的制造和销售，该公司 2018 年

12 月 31 日调整前各账户余额如下：

账户余额表

单位：元

账户名称	借方余额	账户名称	贷方余额
库存现金	910	短期借款	30 000
银行存款	151 700	应付票据	87 550
应收票据	72 600	应付账款	69 800
应收账款	299 900	预收账款	12 000
其他应收款	1 000	应付职工薪酬	57 180
材料采购		应交税费	2 000
原材料	40 168	其他应付款	2 000
产成品	276 000	长期借款	300 000
长期待摊费用	11 200	实收资本	950 000
长期股权投资	42 800	盈余公积	18 900
固定资产	920 000	本年利润	121 100
无形资产	118 600	累计摊销	8 600
待处理财产损溢	1 000	累计折旧	94 000
生产成本	200 812	主营业务收入	386 500
制造费用	7 050	其他业务收入	23 500
主营业务成本		营业外收入	12 000
销售费用	13 300	投资收益	28 800
税金及附加			
其他业务成本	500		
管理费用	12 330		
财务费用	31 860		
营业外支出	2 200		
合计	2 203 930		2 203 930

2. 期末账项调整和结转业务如下：

（1）账项调整业务

①本月应提固定资产折旧 3 800 元。其中：车间固定资产折旧额 2 300 元，厂部固定资产折旧额 1 500 元。

②本月应摊销无形资产 1 400 元。

③本月应摊销长期待摊费用 300 元。

④本月应付银行借款利息 12 000 元。
⑤本月应付 M 单位租入车间机器设备的租金 400 元。
⑥经批准将本月盘亏的固定资产净值 1 000 元转作营业外支出。
⑦本月应收银行存款利息 800 元。
⑧本月应纳产品消费税税金 15 460 元。
⑨按 25% 的税率计算应纳所得税 16 650 元。
⑩按本年净利润的 10% 计提盈余公积。
（2）账项结转业务
①分配结转制造费用 9 750 元。
②结转完工产品总成本 175 300 元。
③结转本月已售产品的销售成本 293 650 元。

自测题

一、单项选择题

1. 在财务报表体系中，利润表是属于（　　）。
A. 主表　　B. 附表　　C. 动态报表　　D. 静态报表
2. 在财务报表中，根据有关账户期末余额为依据填列的是（　　）。
A. 利润表　　B. 现金流量表
C. 资产负债表　　D. 利润分配表
3. 反映某一特定日期的财务状况的报表是（　　）。
A. 利润表　　B. 利润分配表　　C. 资产负债表　　D. 成本报表
4. 下列报表中属于静态报表的有（　　）。
A. 资产负债表　　B. 利润表　　C. 现金流量表　　D. 利润分配表
5. 下列账户中的数字在编制资产负债表时应列入存货项目的是（　　）.
A. 原材料　　B. 固定资产
C. 现金　　D. 长期待摊费用
6. 转让无形资产使用权所取得的收益，在利润表中应列入（　　）项目。
A. 营业收入　　B. 净利润
C. 营业外收入　　D. 投资收益
7. 下列项目中，不符合现金流量表中现金概念的是（　　）。
A. 企业销售商品收到为期三个月的商业汇票
B. 企业存在银行期限为两年可以提前支取的定期存款
C. 可以随时用于支付的存款
D. 从购入日开始计算三个月内到期的国债

8.“应收账款”总账借方科目余额 12 000 万元，其明细账借方余额合计 18 000 万元，贷方明细账余额合计 6 000 万元；“预收账款”总账贷方科目余额 15 000 万元，其明细账贷方余额合计 27 000 万元，借方明细账余额合计 12 000 万元；“坏账准备”科目贷方余额为 3 000 万元。资产负债表中“应收账款”项目填列金额为（　　）万元。

A. 12 000　　B. 27 000　　C. 24 000　　D. 18 000

9. 有时速动比率小于 1 也是正常的，比如（　　）。

A. 流动负债大于速动资产　　B. 应收账款不能实现

C. 大量采用现金销售　　D. 存货过多导致速动资产减少

10. 下列资产负债表项目，可直接根据有关总账余额填列的是（　　）。

A. 货币资金　　B. 存货　　C. 应收票据　　D. 应收账款

二、多项选择题

1. 编制资产负债表的依据有（　　）。

A. 有关总账账户余额　　B. 有关明细账账户余额

C. 有关总账的发生额　　D. 有关明细账的发生额

E. 有关总账账户余额和有关明细账的发生额

2. 编制利润表“营业收入”项目的根据是（　　）。

A. 主营业务收入的发生额　　B. 其他业务收入的发生额

C. 营业外收入的发生额　　D. 主营业务成本的发生额

E. 其他业务成本的发生额

3. 资产负债表反映的会计要素内容有（　　）。

A. 资产　　B. 负债　　C. 所有者权益　　D. 费用

E. 收入

4. 资产负债表常见的格式有（　　）。

A. 报告式　　B. 多栏式　　C. 多步式　　D. 账户式

E. 单步式

5. 中期财务报表包括（　　）。

A. 利润表　　B. 资产负债表　　C. 月报　　D. 季报

E. 半年报

6. 下列报表中属于动态报表的有（　　）。

A. 资产负债表　　B. 利润表　　C. 合并报表　　D. 现金流量表

E. 报表附注

7. 在编制资产负债表时，应根据有关总分类账户余额计算填列的有关项目有（　　）。

A. 货币资金　　B. 应收账款　　C. 存货　　D. 固定资产

E. 资本公积

8. 财务报表按编报时间划分为（　　）。

A. 年度财务报表　　B. 中期财务报表

C. 合并报表　　D. 半年报表
E. 分部报告表

9. 资产负债表中的应付账款项目应根据（　　）填列。
A. 应付账款所属明细账贷方余额合计
B. 预付账款所属明细账贷方余额合计
C. 应付账款总额余额
D. 应付账款所属明细账借方余额合计
E. 上述 C 和 D

10. 资产负债表中的“应收账款”项目应根据（　　）填列。
A. 应收账款所属明细账借方余额合计
B. 预收账款所属明细账借方余额合计
C. 预收账款总账科目借方余额合计
D. 应收账款总账科目借方余额
E. 上述 C 和 D

11. 下列资产负债表项目中，根据明细科目余额分析计算填列的有（　　）。
A. 长期借款　　B. 预收账款　　C. 应收账款　　D. 应付账款
E. 资本公积

12. 现金流量表中的现金指（　　）
A. 库存现金　　B. 不能提前支取的定期存款
C. 通知存款　　D. 可随时支用的银行存款
E. 交易性金融资产

13. 某公司当年的利润很多，却不能偿还到期债务，为查清其原因，应检查的财务比率包括（　　）。
A. 资产负债率　　B. 流动比率
C. 存货周转率　　D. 应收账款周转率
E. 已获利息倍数

14. 资产负债比率也称负债经营比率，对其正确的评价有（　　）。
A. 从债权人角度看，负债比率越大越好
B. 从债权人角度看，负债比率越小越好
C. 从股东角度看，负债比率越高越好
D. 从股东角度看，负债比率越低越好
E. 从股东角度看，当全部资本利润率高于债务利息率时，负债比率越高越好

15. 下列各项，应在资产负债表“预收账款”项目中反映的有（　　）。
A. 应收账款明细科目的借方余额　　B. 预收账款明细科目的贷方余额
C. 预收账款明细科目的借方余额　　D. 应收账款明细科目的贷方余额
E. 预收账款总账科目的借方余额

三、判断题

1. 在资产负债表中，左方资产项目的金额都是根据账户借方余额填列的。（ ）

2. 利润表是反映企业在一定时期内利润形成和分配情况的一种会计报表。（ ）

3. 现金流量表是反映某一特定时间现金增减变动结果的静态报表。（ ）

4. 当"应收账款"所属明细账分别有借方余额和贷方余额时，根据其借贷方余额的差额分析填入应收账款或应付账款项目。（ ）

5. 资产负债是反映企业一定时期财务状况的报表。（ ）

6. 利润表是内部报表。（ ）

7. 资产负债表是根据有关账户的发生额编制的。（ ）

8. 利润表是根据有关账户发生额编制的。（ ）

9. 资产负债表是一种静态报表。（ ）

10. 利润表是动态报表。（ ）

11. 企业年末资产负债表中的未分配利润的金额一定等于"利润分配"科目的年末余额。（ ）

12. 每股收益越高，意味着股东可以从公司分得的股利越高。（ ）

四、业务题

练习一

（一）目的：练习资产负债表相关项目的填列。

（二）要求：根据资料编制甲企业 2018 年 12 月 31 日的资产负债表。计算资产负债表中应收、应付、预收、预付账款项目的数额。

（三）资料：甲企业 2018 年 12 月 31 日的有关资料如下：

1. 科目余额表（单位：元）：

科目名称	借方余额	贷方余额
库存现金	10 000	
银行存款	57 000	
应收票据	55 000	
应收账款	80 000	
预付账款	30 000	
原材料	70 000	
低值易耗品	10 000	
材料采购	35 000	
库存商品	100 000	
长期待摊费用	2 000	

表(续)

科目名称	借方余额	贷方余额
固定资产	800 000	
累计折旧		300 000
在建工程	40 000	
无形资产	100 000	
短期借款		10 000
应付账款		70 000
预收账款		10 000
应付职工薪酬		4 000
应交税费		15 000
长期借款		80 000
实收资本		500 000
盈余公积		200 000
未分配利润		200 000
合计	1 389 000	1 389 000

2. 债权债务明细科目余额：

(1) 应收账款明细资料如下：

应收账款——A 公司　　借方余额 100 000 元

应收账款——B 公司　　贷方余额 20 000 元

(2) 预付账款明细资料如下：

预付账款——C 公司　　借方余额 50 000 元

预付账款——D 公司　　贷方余额 20 000 元

(3) 应付账款明细资料如下：

应付账款——E 公司　　贷方余额 100 000 元

应付账款——F 公司　　借方余额 30 000 元

(4) 预收账款明细资料如下：

预收账款——G 公司　　贷方余额 40 000 元

预收账款——H 公司　　借方余额 30 000 元

3. 长期借款 2 笔，均为到期一次性还本付息。金额及期限如下：

#1 从工商银行借入 30 000 元（本利和），期限从 2017 年 6 月 1 日至 2019 年 6 月 1 日。

#2 从建设银行借入 50 000 元（本利和），期限从 2018 年 8 月 1 日至 2021 年 8 月 1 日。

练习二

（一）目的：练习利润表相关项目的填列。

（二）要求：

1. 根据资料计算利润表中营业利润、利润总额和净利润项目的数额。

2. 根据计算结果填列该企业2018年6月的利润表。

（三）资料；

某企业2018年度6月有关收入、费用总额为：

①主营业务收入700 000元；

②其他业务收入70 000元；

③投资收益7 500元；

④营业外收入14 000元；

⑤主营业务成本520 000元；

⑥销售费用16 000元；

⑦管理费用18 000元；

⑧财务费用4 000元；

⑨营业外支出20 000元；

⑩其他业务成本56 000元；

⑪税金及附加1 000元；

⑫所得税税率25%。

练习三

（一）目的：练习会计账务处理及财务报表的编制。

（二）要求：

1. 开设现金、银行存款日记账（三栏式）

2. 开设全部总账和“原材料”“生产成本”“产成品”“应收账款”“应付账款”等明细账。

3. 根据资料与业务编制会计分录。

4. 根据会计分录登记有关日记账、总账和明细账。

5. 根据账户记录编制资产负债表。

6. 根据账户记录编制利润表。

（三）资料：某企业2018年12月份有关资料如下：

（1）期初各总账余额为：

单位：元

账户名称	借方金额	账户名称	贷方金额
固定资产	980 000	实收资本	760 000
原材料	65 000	累计折旧	220 000

表(续)

账户名称	借方金额	账户名称	贷方金额
生产成本	154 000	长期借款	280 000
应收票据	270 000	短期借款	200 000
产成品	90 200	应付账款	20 000
库存现金	800	其他应付款	4 000
银行存款	269 000	应交税费	68 000
应收账款	90 000	本年利润	360 000
长期待摊费用	1 000		
在建工程	80 000	应付职工薪酬	88 000
合计	2 000 000	合计	2 000 000

（2）期初有关明细账余额为：

①“原材料”：A 材料 200 千克，单价 300 元，计 60 000 元；B 材料 100 千克，单价 50 元，计 5 000 元

②“生产成本”：甲产品 1 300 件，余额为 154 000 元，其中直接材料 100 000 元，直接人工 50 000 元，制造费用 4 000 元。

③“产成品”：甲产品 451 件，每件成本为 200 元。

④“应收账款”：应收 S 公司货款 90 000 元。

⑤“应付账款”：应付 M 商店 A 材料款 20 000 元。

⑥“应付职工薪酬”：应付福利费 88 000 元。

（3）12 月份发生下列经济业务：

① 1 日，向 M 商店购 A 材料 100 千克，单价 300 元，货款以银行存款支付。

② 1 日，开出转账支票归还前欠 M 商店 A 材料款 20 000 元。

③ 2 日，购入的 A 材料 100 千克已验收入库，按实际成本转账。

④ 3 日，收到 S 公司转来前欠货款 70 000 元存入银行。

⑤ 3 日，开出转账支票，缴纳上月欠交的所得税 54 000 元。

⑥ 4 日，张山出差借差旅费 400 元，以现金支付。

⑦ 5 日，生产车间生产甲产品使用 A 材料 200 千克，每千克 300 元，领用 B 材料 12 千克，每千克 50，共计 60 600 元。

⑧ 6 日，出售甲产品 100 件，每件 250 元，货款已收妥存入银行。

⑨ 7 日，以银行存款 200 元购买办公用品。

⑩ 8 日，开出转账支票，偿还短期借款 10 000 元。

⑪ 9 日，车间一般消耗领用甲材料 10 千克，计 3 000 元。

⑫ 10 日，车间领用 B 材料 40 千克，每千克 50 元。

⑬ 11 日，开出现金支票，提取现金 26 000 元以备发工资。

⑭ 11 日，以现金 26 000 元发放工资。

⑮ 13 日，出售甲产品 300 件，每件售价 250 元，计货款 75 000 元收妥存入银行。

⑯ 14 日，收到 S 公司前欠货款 20 000 元，存入银行。

⑰ 15 日，张山出差归来，报差旅费 360 元，余现金 40 元交回。

⑱ 16 日，开出支票，支付本月业务招待费 440 元。

⑲ 17 日，投资者投入新机器一台，原价 8 000 元。

⑳ 18 日，售出甲产品 800 件，每件 250 元，对方交来商业汇票一张，付款期为 20 天。

㉑ 19 日，经批准，报废旧机器一台，原价 10 000 元，已提折旧 10 000 元。

㉒ 21 日，开出支票，支付生产车间办公费 1 400 元。

㉓ 23 日，开出支票，支付职工上电大学费 220 元。

㉔ 31 日，分配本月应付工资 26 000 元，其中，生产甲产品生产工人工资为 20 000 元，车间管理人员工资为 2 000 元，厂部管理人员工资为 4 000 元。

㉕ 31 日，按工资的 14% 预计职工食堂伙食补助费。

㉖ 31 日，本月车间用固定资产原值为 700 000 元，厂部用固定资产原值为 280 000 元，按月折旧率 0. 6% 计提本月折旧额。

㉗ 31 日，应付 A 单位本月租入固定资产的租金，其中，车间的租金 1 200 元，行政管理部门的租金 800 元。

㉘ 31 日，将本月发生的制造费用全部转入甲产品成本。

㉙ 31 日，将本月全部完工甲产品 1 300 件按其实际成本转入产成品。

㉚ 31 日，按 8% 的税率计算出售甲产品 1 200 件应交产品消费税。

㉛ 31 日，结转本月已售甲产品 1 200 件的生产成本（如期初与本月入库成本水平不一样则应按加权平均成本计算）。

㉜ 31 日，结转本月损益类账。

㉝ 31 日，按 25% 计算本年应交所得税。

㉞ 31 日，按税后利润的 10% 计算本期应提盈余公积。

㉟ 31 日，向投资者分配利润 20 000 元。

㊱ 31 日，将本年已实现和分配的利润结转“利润分配——未分配利润”账户。

五、案例分析

【案例一】

李先生大学毕业到一家公司应聘，分配到公司会计部。会计部经理为了培养他，在 6 月底编制半年报时让他自己练习编制资产负债表，第一遍他编制的资产负债表不平，第二遍他编制的资产负债表平衡了，但是与经理编制的资产负债表总额相差 500 多万元。经理问他如何编制的，他说都是根据总分类账的账户期末余额填制的。你认为李先生可能在什么地方出现了差错？

【案例二】

王先生是某银行信贷部主任。最近他收到高财公司的一份贷款申请。该公司因拓展业务的需要，拟向银行申请贷款400万元。随申请附上的是公司2016年和2017年的经过审计的财务报表。请你通过阅读下列财务报表，并将其与下列“行业平均水平”比较，帮助王主任作出是否贷款给高财公司的决策，并说明理由。

行业平均水平：

指标名称		指标名称	
流动比率	2.5	净资产收益率	20%
速动比率	1.2	毛利率	30%
存货周转天数	50天	净利率	5%
应收账款周转天数	30天	负债比率	50%
总资产周转率	2.3		

资产负债表

单位：元

项　目	2017年12月31日	2016年12月31日
资产：		
货币资金	460	664
应收账款	9 740	6 986
存货	20 656	12 750
固定资产	5 762	6 426
合计	36 618	26 826
负债及所有者权益		
应付账款	9 400	5 200
应付票据	7 328	2 654
长期借款	918	1 020
股本	10 000	10 000
未分配利润	8 972	7 952
合计	36 618	26 826

利润表

单位：元

项　目	2017年	2016年
一、营业收入	71 400	68 850
减：营业成本	57 120	55 080

表(续)

项　目	2017 年	2016 年
减：管理费用——办公费 ——折旧费用 ——其他费用 财务费用	1 260 3 060 7 320 600	742 2 550 6 810 200
二、营业利润	2 040	3 468
加：营业外收入		
三、利润总额	2 040	3 468
减：所得税费用	510	867
四、净利润	1 530	2 601

练习题参考答案

一、单项选择题

1. D　2. C　3. B　4. B　5. C　6. C　7. A　8. B　9. B　10. B
11. A　12. C　13. A　14. D　15. B

二、多项选择题

1. ABCE　2. AB　3. ABCDE　4. CDE　5. AB　6. ABCD
7. CE　8. CDE　9. ABCD　10. ADE　11. AB　12. AB
13. ADE　14. ABD

三、判断题

1. ×　2. √　3. ×　4. ×　5. √　6. √　7. √　8. ×　9. ×　10. ×
11. ×　12. √

四、问答题（略）

五、业务题

练习一

1. ①应收账款 = 10 000 + 80 000 = 90 000（元）
②预收账款 = 30 000（元）
③应付账款 = 40 000 + 20 000 = 60 000（元）
④预付账款 = 20 000 + 10 000 = 30 000（元）
2. ①应收账款 = 60 000 + 70 000 + 10 000 = 140 000（元）
②预收账款 = 20 000 + 40 000 = 60 000（元）
③应付账款 = 80 000 + 20 000 = 100 000（元）
④预付账款 = 30 000 + 90 000 = 120 000（元）

练习二

编制单位：蓝天公司　　2018 年 1 月 31 日　　单位：元

资产	期末数	负债及所有者权益	期末数
流动资产		流动负债	
货币资金	63 480	短期借款	40 000
交易性金融资产		应付账款	128 000
应收票据		应交税费	32 000
应收账款	106 400	流动负债合计	200 000
存货	258 000	长期借款	466 800
流动资产合计	427 880	合计	666 800
固定资产	1 000 000	所有者权益	
长期待摊费用	24 920	实收资本	750 000
非流动资产合计	1 024 920	未分配利润	36 000
		所有者权益合计	786 000
总计	1 452 800	总计	1 452 800

注：上述报表中固定资产项目扣除了累计折旧的金额。

练习三

编制单位：蓝天公司　　2018 年 3 月　　单位：元

项目	行次	本期数	上期数
一、营业收入	1	1 650 000	
减：营业成本	2	840 000	
税金及附加	4	80 000	
销售费用	10	40 000	
管理费用	11	200 000	
财务费用	12	20 000	
加：投资收益	13	50 000	
二、营业利润	14	520 000	
加：营业外收入	16	40 000	
减：营业外支出	17	60 000	
三、利润总额	20	500 000	
减：所得税费用	21	125 000	
四、净利润	22	375 000	

练习四

1．（1）华营公司年末调整分录如下：

①借：管理费用	1 500	
制造费用	2 300	
贷：累计折旧		3 800
②借：管理费用	1 400	
贷：累计摊销		1 400
③借：管理费用	300	
贷：长期待摊费用		300
④借：财务费用	12 000	
贷：应付利息		12 000
⑤借：制造费用	400	
贷：其他应付款		400
⑥借：营业外支出	1 000	
贷：待处理财产损溢——待处理固定资产损溢		1 000
⑦借：其他应收款	800	
贷：财务费用		800
⑧借：税金及附加	15 460	
贷：应交税费——应交消费税		15 460
⑨借：所得税费用	16 650	
贷：应交税费——应交所得税		16 650

⑩本年实现的净利润：121 100 + 49 950 = 171 050（元）

提取盈余公积 = 171 050 × 10% = 17 105（元）

借：利润分配——提取盈余公积	17 105	
贷：盈余公积		17 105

（2）结转分录如下：

①借：生产成本	9 750	
贷：制造费用		9 750
②借：产成品	175 300	
贷：生产成本		175 300
③借：主营业务成本	293 150	
贷：产成品		293 150

2．编制华营公司2018年的利润表如下：

利润表

用金编制单位：华营公司　　2018 年 12 月　　元

项目	行次	本期数	上期数
一、营业收入	1	410 000	
减：营业成本	2	293 650	
税金及附加	4	15 460	
销售费用	10	13 300	
管理费用	11	15 530	
财务费用	12	43 060	
加：投资收益	13	28 800	
二、营业利润	14	57 800	
加：营业外收入	16	12 000	
减：营业外支出	17	3 200	
三、利润总额	20	66 600	
减：所得税费用	21	16 650	
五、净利润	22	49 950	

3．编制华营公司 2018 年 12 月 31 日资产负债表如下：

资产负债表

编制单位：华营公司　　2018 年 12 月 31 日　　单位：元

资产	期末余额	年初余额	负债及所有者权益	期末余额	年初余额
流动资产			流动负债		
货币资金	152 610		短期借款	30 000	
交易性金融资产			应付票据	87 550	
应收票据	72 600		应付账款	69 800	
应收账款	299 900		预收账款	12 000	
应收利息			应付职工薪酬	57 180	
预付账款			应交税费	34 110	
其他应收款	1 800		其他应付款	2 400	
存货	233 580		应付利息	12 000	
流动资产合计	760 490		流动负债合计	305 040	
非流动资产			非流动负债		
长期股权投资	42 800		长期借款	300 000	
固定资产	822 200		应付债券		
固定资产清理			长期应付款		
在建工程			负债合计	605 040	
无形资产	108 600		所有者权益		

表(续)

资产	期末余额	年初余额	负债及所有者权益	期末余额	年初余额
长期待摊费用	10 900		实收资本	950 000	
			资本公积		
			盈余公积	36 005	
			未分配利润	153 945	
非流动资产合计	984 500		所有者权益合计	1 139 950	
资产合计	1 744 990		负债及所有者权益总计	1 744 990	

注：存货 = 原材料 40 168 + 生产成本 35 262（200 812 + 9 750 − 175 300）+ 产成品 158 150（276 000 + 175 300 − 293 150）= 233 580（元）

自测题参考答案

一、单项选择题

1. C　2. C　3. C　4. A　5. A　6. A　7. A　8. B　9. C　10. C

二、多项选择题

1. AB　2. AB　3. ABC　4. AD　5. CDE　6. BD
7. ACD　8. AB　9. AB　10. AB　11. BCD　12. ACD
13. BCD　14. BE　15. BD

三、判断题

1. ×　2. ×　3. ×　4. ×　5. ×　6. ×　7. ×　8. √　9. √　10. √
11. √　12. ×

四、业务题

练习一

资产负债表

编制单位：甲企业　　2018 年 12 月 31 日　　单位：元

资产	期末余额	年初余额	负债及所有者权益	期末余额	年初余额
流动资产：			流动负债：		
货币资金	67 000		短期借款	10 000	
交易性金融资产			应付票据		
应收票据	55 000		应付账款	120 000	
应收账款	130 000		预收账款	60 000	
预付账款	80 000		应付职工薪酬	4 000	
其他应收款			应交税费	15 000	
存货	215 000		一年内到期的非流动负债	30 000	
流动资产合计	547 000		流动负债合计	239 000	

表(续)

资产	期末余额	年初余额	负债及所有者权益	期末余额	年初余额
非流动资产:			非流动负债:		
长期股权投资			长期借款	50 000	
固定资产	500 000		应付债券		
固定资产清理			长期应付款		
在建工程	40 000		负债合计	289 000	
无形资产	100 000		所有者权益:		
长期待摊费用	2 000		实收资本	500 000	
非流动资产合计	642 000		资本公积		
			盈余公积	200 000	
			未分配利润	200 000	
			所有者权益合计	900 000	
资产合计	1 189 000		负债及所有者权益总计	1 189 000	

需要特别计算的项目其计算过程如下:

资产类:

货币资金:10 000 + 57 000 = 67 000(元)

应收账款:100 000 + 30 000 = 130 000(元)

预付账款:50 000 + 30 000 = 80 000(元)

存货:70 000 + 10 000 + 35 000 + 100 000 = 215 000(元)

负债类:

应付账款:100 000 + 20 000 = 120 000(元)

预收账款:40 000 + 20 000 = 60 000(元)

一年内到期的长期负债:30 000(从资料(3)分析,#1 属于一年内到期的长期负债)

长期借款:80 000 − 30 000 = 50 000(元)(扣除一年内到期的负债)

练习二

1. 营业利润 = 179 000 + (70 000 − 56 000) − 16 000 − 18 000 − 4 000 = 155 000(元)

利润总额 = 155 000 + 7 500 + 14 000 − 20 000 = 156 500(元)

净利润 = 156 500 ×(1 − 25%)= 117 375(元)

2. 利润表

编制单位:某企业　　2018 年 6 月　　单位:元

项目	行次	本期数	上期数
一、营业收入	1	770 000	
减:营业成本	2	576 000	

表（续）

项目	行次	本期数	上期数
税金及附加	4	1 000	
销售费用	10	16 000	
管理费用	11	18 000	
财务费用	12	4 000	
加：投资收益	13	7 500	
二、营业利润	14	162 500	
加：营业外收入	16	14 000	
减：营业外支出	17	20 000	
三、利润总额	20	156 500	
减：所得税费用	21	39 125	
四、净利润	22	117 375	

练习三

编制会计分录如下：

①借：材料采购　30 000
　贷：银行存款　30 000

②借：应付账款——M 商店　20 000
　贷：银行存款　20 000

③借：原材料　30 000
　贷：材料采购　30 000

④借：银行存款　70 000
　贷：应收账款——S 公司　70 000

⑤借：应交税费　54 000
　贷：银行存款　54 000

⑥借：其他应收款　400
　贷：库存现金　400

⑦借：生产成本　60 600
　贷：原材料　60 600

⑧借：银行存款　25 000
　贷：主营业务收入　25 000

⑨借：管理费用　200
　贷：银行存款　200

⑩借：短期借款　10 000
　贷：银行存款　10 000

⑪借：制造费用	3 000	
贷：原材料		3 000
⑫借：制造费用	2 000	
贷：原材料		2 000
⑬借：库存现金	26 000	
贷：银行存款		26 000
⑭借：应付职工薪酬——工资	26 000	
贷：库存现金		26 000
⑮借：银行存款	75 000	
贷：主营业务收入		75 000
⑯借：银行存款	20 000	
贷：应收账款——S 公司		20 000
⑰借：管理费用	360	
库存现金	40	
贷：其他应收款		400
⑱借：管理费用	440	
贷：银行存款		440
⑲借：固定资产	8 000	
贷：实收资本		8 000
⑳借：应收票据	200 000	
贷：主营业务收入		200 000
㉑借：累计折旧	10 000	
贷：固定资产		10 000
㉒借：制造费用	1 400	
贷：银行存款		1 400
㉓借：管理费用	220	
贷：银行存款		220
㉔借：生产成本——甲产品	20 000	
制造费用	2 000	
管理费用	4 000	
贷：应付职工薪酬——工资		26 000
㉕借：生产成本——甲产品	2 800	
制造费用	280	
管理费用	560	
贷：应付职工薪酬——福利费		3 640
㉖借：制造费用	4 200	

管理费用　　1 680
贷：累计折旧　　5 880
㉗借：制造费用　　1 200
管理费用　　800
贷：其他应付款　　2 000
㉘借：生产成本　　14 080
贷：制造费用　　14 080
㉙借：产成品　　251 480
贷：生产成本　　251 480
（期初 154 000 + 本期 60 600 + 20 000 + 2 800 + 14 080 = 251 480）
㉚借：税金及附加　　24 000
贷：应交税费　　24 000
㉛甲产品平均单位成本 =（90 200 + 251 480）/（451 + 1 300）≈195. 13（元）
主营业务成本 = 1 200 × 195. 13 = 234 156（元）
借：主营业务成本　　234 156
贷：产成品　　234 156
㉜a. 借：主营业务收入　　300 000
贷：本年利润　　300 000
b. 借：本年利润　　266 416
贷：主营业务成本　　234 156
税金及附加　　24 000
管理费用　　8 260
（200 + 360 + 440 + 220 + 4 000 + 560 + 1 680 + 800 = 8 260）
㉝本月利润 = 300 000 − 266 416 = 33 584（元）
应纳企业所得税 = 33 584 × 25% = 8 396（元）
借：所得税费用　　8 396
贷：应交税费——应交所得税　　8 396
借：本年利润　　8 396
贷：所得税费用　　8 396
本月净利润 = 33 584 − 8 396 = 25 188（元）
㉞本年累计净利润 = 360 000 + 25 188 = 385 188（元）
应提盈余公积 = 385 188 × 10% = 38 518. 8（元）
借：利润分配——提取盈余公积　　38 518. 8
贷：盈余公积　　38 518. 8
㉟应付利润
借：利润分配——向投资者分配利润　　20 000

贷：应付利润　　　　20 000

㊱a. 借：本年利润　　　　385 188

贷：利润分配——未分配利润　　　　385 188

b. 借：利润分配——未分配利润　　　　58 518.8

贷：利润分配——提取盈余公积　　　　38 518.8

——向投资者分配利润　　　　20 000

固定资产

借方		贷方	
期初余额：	980 000		10 000
	8 000		
本期发生额：	8 000	本期发生额：	10 000
期末余额：	978 000		

累计折旧

借方		贷方	
	10 000	期初余额：	220 000
			5 880
本期发生额：	10 000	本期发生额：	5 880
		期末余额：	215 880

实收资本

借方		贷方	
		期初余额：	760 000
			8 000
本期发生额：	—	本期发生额：	8 000
		期末余额：768 000	

原材料

借方		贷方	
期初余额：	65 000		60 600
	30 000		3 000
			2 000
本期发生额：	30 000	本期发生额：	65 600
期末余额：	29 400		

库存现金

借方		贷方	
期初余额：	800		400
	26 000		26 000
	40		
本期发生额：	26 040	本期发生额：	26 400
期末余额：	440		

应交税费

借方		贷方	
	54 000	期初余额：	68 000
			24 000
			8 396
本期发生额：	54 000	本期发生额：	32 396
		期末余额：	46 396

生产成本

借方		贷方	
期初余额：	154 000		251 480
	60 600		
	20 000		
	2 800		
	14 080		
本期发生额：	97 480	本期发生额：	251 480
期末余额：	—		

应交税费

借方		贷方	
	3 000		14 080
	2 000		
	1 400		
	2 000		
	280		
	4 200		
	1 200		
本期发生额：	14 080	本期发生额：	14 080
期末余额：—			

借方　管理费用　贷方

	200		8 260
	360		
	440		
	220		
	4 000		
	560		
	1 680		
	800		
本期发生额：	8 260	本期发生额：	8 260
期末余额：	—		

借方　银行存款　贷方

期初余额：	269 000		30 000
	70 000		20 000
	25 000		54 000
	75 000		200
	20 000		10 000
			26 000
			440
			1 400
			220
本期发生额：	190 000	本期发生额：	142 260
期末余额：	316 740		

借方　长期借款　贷方

		期初余额：	280 000
本期发生额：	—	本期发生额：	—
		期末余额：	280 000

借方　应付利润　贷方

			20 000
本期发生额：	—	本期发生额：	20 000
		期末余额：	20 000

借方　短期借款　贷方

	①10 000	期初余额：	200 000
本期发生额：	10 000	本期发生额：	—
		期末余额：	190 000

借方　长期待摊费用　贷方

期初余额：	1 000		
本期发生额：	—	本期发生额：	—
期末余额：	1 000		

借方　应收票据　贷方

期初余额：	270 000		
	200 000		
本期发生额：	200 000	本期发生额：	—
期末余额：	470 000		

借方　主营业务成本　贷方

	234 156		234 156
本期发生额：	234 156	本期发生额：	234 156
期末余额：	—		

借方　税金及附加　贷方

	24 000		24 000
本期发生额：	24 000	本期发生额：	24 000
期末余额：	—		

借方　盈余公积　贷方

			38 518.8
本期发生额：	—	本期发生额：	38 518.8
		期末余额：	38 518.8

借方　应付账款　贷方

借方		贷方	
	20 000	期初余额：	20 000
本期发生额：	20 000	本期发生额：	—
		期末余额：	—

借方　在建工程　贷方

借方		贷方	
期初余 额：	80 000		
本期发生额：	—	本期发生额：	—
期末余额：	80 000		

借方　产成品　贷方

借方		贷方	
期初余额：	90 200		234 156
	251 480		
本期发生额：	251 480	本期发生额：	234 156
期末余额：	107 524		

借方　其他应付款　贷方

借方		贷方	
		期初余额：	4 000
			2 000
		本期发生额：	2 000
		期末余额：	6 000

借方　应收账款　贷方

借方		贷方	
期初余额：	90 000		70 000
			20 000
本期发生额：	—	本期发生额：	90 000
期末余额：	—		

借方　利润分配　贷方

借方		贷方	
	38 518. 8		38 518. 8
	20 000		20 000
本期发生额：	58 518. 8	本期发生额：	58 518. 8
期末余额：	—		

借方　主营业务收入　贷方

借方		贷方	
	300 000		25 000
			75 000
			200 000
本期发生额：	300 000	本期发生额：	300 000
		期末余额：	—

借方　本年利润　贷方

借方		贷方	
	266 416	期初余额：	360 000
	8 396		300 000
	385 188		
本期发生额：	660 000	本期发生额：	300 000
		期末余额：	—

借方　应付职工薪酬——福利费　贷方

借方		贷方	
		期初余额：	88 000
			3 640
本期发生额：	—	本期发生额：	3 640
		期末余额：	91 640

借方　材料采购　贷方

借方		贷方	
	30 000		30 000
本期发生额：	30 000	本期发生额：	30 000
期末余额：	—		

借方　应付职工薪酬——工资　贷方

借方		贷方	
	26 000		26 000
本期发生额：	26 000	本期发生额：	26 000
		期末余额：	—

借方　其他应收款　贷方

借方		贷方	
	400		400
本期发生额：	400	本期发生额：	400
期末余额：	—		

借方	利润分配——未分配利润	贷方
	38 518.8 20 000	385 188
	本期发生额：58 518.8	本期发生额： 385 188 期末余额： 326 669.2

现金日记账

2018年		凭证号数	摘　　要	对方科目	收入	付出	结存
月	日						
12	1		期初余额				800
12	4	6	付差旅费	其他应收款		400	400
12	11	13	提取备发工资	银行存款	26 000		26 400
12	11	14	发放工资	应付职工薪酬		26 000	400
12	15	17	收差旅费余款	其他应收款	40		440
12	31		本月发生额		26 040	26 400	
			期末余额				440

银行存款日记账

2018年		凭证号数	摘　　要	对方科目	收入	付出	结存
月	日						
12	1		期初余额				269 000
12	1	1	购A材料	材料采购		30 000	239 000
12	1	2	还前购料款	应付账款		20 000	219 000
12	3	4	收前欠货款	应收账款	70 000		289 000
12	3	5	交所得税	应交税费		54 000	235 000
12	6	8	售产品收入	主营业务收入	25 000		260 000
12	7	9	购办公用品	管理费用		200	259 800
12	8	10	还贷款	短期借款		10 000	249 800
12	11	13	提现	库存现金		26 000	223 800
12	13	15	销售产品收入	主营业务收入	75 000		298 800
12	14	16	收前售货款	应收账款	20 000		318 800
12	16	18	支业务招待费	管理费用		440	318 360
12	21	22	付办公费	制造费用		1 400	316 960
12	23	23	付电大学费	管理费用		220	316 740
12	31		发生额及余额		190 000	142 260	316 740

材料明细账

材料名称：A 材料

2018 年		凭证号	摘要	收入			发出			结存		
月	日			数量	单价	金额	数量	单价	金额	数量	单价	金额
12	1		期初余额							200	300	60 000
12	2	3	购入	100	300	30 000						
12	5	7	生产领用				200	300	60 000			
12	9	11	车间领用				10	300	3 000			
			发生额及余额	100	300	30 000	210	300	63 000	90	300	27 000

材料明细账

材料名称：B 材料

2018 年		凭证号	摘要	收入			发出			结存		
月	日			数量	单价	金额	数量	单价	金额	数量	单价	金额
12	1		期初余额							100	50	5 000
12	5	7	生产领用				12	50	600			
12	10	11	车间领用				40	50	2 000			
			发生额及余额				52	50	2 600	48	50	2 400

生产成本明细账

产品名称：甲产品

2018 年		凭证号	摘要	借方				贷方
月	日			直接材料	直接人工	制造费用	合计	
12	1		期初余额	100 000	50 000	4 000	154 000	
12	5	7	领用材料	60 600			60 600	
12	31	24	支付工资		20 000		20 000	
12	31	25	提福利费		2 800		2 800	
12	31	28	分配制造费			14 080	14 080	
12	31	29	结转完工成本					251 480
			发生额				251 480	251 480

发出单位成本 =（90 200 + 251 480）/（451 + 1 300）≈195. 13（元）

发出成本 = 1 200 × 195. 15 = 234 156（元）

应收账款明细账

明细单位：S 公司

2018 年		凭证号	摘　　要	借方	贷方	余额
月	日					
12	1		期初余额			90 000
12	3	4	收回		70 000	20 000
12	14	16	收回		20 000	0
			发生额及余额		90 000	0

应付账款明细账

明细单位：M 商店

2018 年		凭证号	摘　　要	借方	贷方	余额
月	日					
12	1		期初余额			20 000
12	1	2	以存款偿还	20 000		0
			发生额及余额	20 000	0	0

资产负债表

编制单位：× ×　　　　2018 年 12 月 31 日　　　　单位：元

资产	年初数	期末数	负债及所有者权益	年初数	期末数
流动资产：			流动负债：		
货币资金		317 180	短期借款		190 000
短期投资			应付票据		
应收票据		470 000	应付账款		
应收账款			预收账款		
预付账款			应付职工薪酬		91 640
其他应收款			应交税费		46 396
存货		136 924	应付利润		20 000
流动资产合计		924 104	其他应付款		6 000
非流动资产：			流动负债合计		354 036
长期投资			长期借款		280 000
固定资产		762 120	负债合计		634 036
固定资产清理			所有者权益：		
在建工程		80 000	实收资本		768 000
无形资产			盈余公积		38 518. 8
长期待摊费用		1 000	未分配利润		326 669. 2
非流动资产合计：		843 120	所有者权益合计		1 133 188
资产总计		1 767 224	负债及所有者权益总计		1 767 224

利润表

编制单位：××　　　　2018 年 12 月　　　　单位：元

项目	本期数	上期数
一、营业收入	300 000	
减：营业成本	234 156	
税金及附加	24 000	
销售费用		
管理费用	8 260	
财务费用		（略）
加：投资收益		
二、营业利润	33 584	
营业外收入		
减：营业利润		
三、利润总额	33 584	
减：所得税费用	8 396	
四、净利润	25 188	

① 注：在实际工作中，12 月应编制本年度利润表，由于无 1 ~ 11 月的收入、费用资料，故此处简化为编制 12 月的利润表。

五、案例分析

案例一提示：

李先生出差错的地方在具体项目的填列方面。具体项目的填列方法除了直接根据总账科目的余额填列之外，还包括：

（1）根据几个总账科目的余额计算填列。如“货币资金”项目，应当根据“库存现金”“银行存款”等科目的期末余额合计填列。

（2）根据有关明细科目的余额分析计算填列。如“应收账款”项目，应当根据“应收账款”和“预付账款”等科目所属明细科目期末借方余额的合计填列；“应付账款”项目，应当根据“应付账款”和“预收账款”等科目所属明细科目期末贷方余额的合计填列。

（3）根据总账科目和明细科目的余额分析计算填列。如“长期借款”项目，通常应当根据“长期借款”总账科目余额扣除“长期借款”科目所属明细科目中将于一年内到期的部分分析计算填列。

（4）根据总账科目与其备抵科目抵销后的净额填列。如“固定资产”项目，应当根据“固定资产”科目期末余额，减去“累计折旧”科目期末余额后的金额填列。

案例二提示：

指标名称	高财公司	行业平均水平
流动比率	流动资产 =460 +9 760 +20 656 =30 876 流动负债 =9 400 +7 328 =16 728 流动比率 =30 876/16 728 =1. 85	2. 5
速动比率	速动资产 =460 +9 760 =10 220 流动负债 =9 400 +7 328 =16 728 速动比率 =10 220/16 728 =0. 61	1. 2
存货周转天数	平均期末存货 =(20 656 +12 750)/2 =16 703 存货周转率 =57 120/16 703 =3. 42 存货周转天数 =360/3. 42 =105 天	50 天
应收账款周转天数	平均期末应收账款 =(9 740 +6 986)/2 =8 363 应收账款周转率 =71 400/8 363 =8. 54 应收账款周转天数 =360/8. 54 =42 天	30 天
总资产周转率	平均期末总资产 =(36 618 +26 826)/2 =31 722 总资产周转率 =71 400/31 722 =2. 25	2. 3
净资产收益率	2017 年：1 530/18 972 =8. 06% 2016 年：2 601/17 952 =14. 49%	20%
毛利率	2017 年：(71 400 -57 120)/71 400 =20% 2016 年：(68 850 -55 080)/68 850 =20%	30%
净利率	2017 年：1 530/71 400 =2. 14% 2016 年：2 601/68 850 =3. 78%	5%
负债比率	2017 年：17 646/36 618 =48. 19% 2016 年：8874/26 826 =33. 08%	50%

由表中数据对比可以发现，高财公司的短期偿债能力明显低于行业平均水平，资产的运营能力明显差于行业平均水平，盈利能力与行业均准相差甚远，其资产负债率已经十分逼近行业水平了。因此王主任最好不要对高财公司进行贷款，风险太大。

第八章
会计核算组织程序

第一部分　学习指导

一、学习目的和要求

本章主要介绍账务处理程序的种类、特点及流程。本章首先介绍记账凭证账务处理程序的主要特点，包括凭证的使用、记账的依据、程序的基本流程等；在此基础上，分别对科目汇总表账务处理程序、汇总记账凭证等账务处理程序、日记总账账务处理程序、多栏式日记账账务处理程序等作了介绍，其中前两种账务处理程序应用最为广泛，而记账凭证账务处理程序是基础，其他处理程序是在此基础之上延伸出来的。学习本章的基本要求是：

（1）熟练掌握与区别不同账务处理程序的方法和特点；

（2）熟练掌握记账凭证账务处理程序的特点、方法及流程；

（3）掌握科目汇总表账务处理程序和方法；

（4）熟悉其他账务处理程序和方法。

二、本章主要内容导图（图8－1）

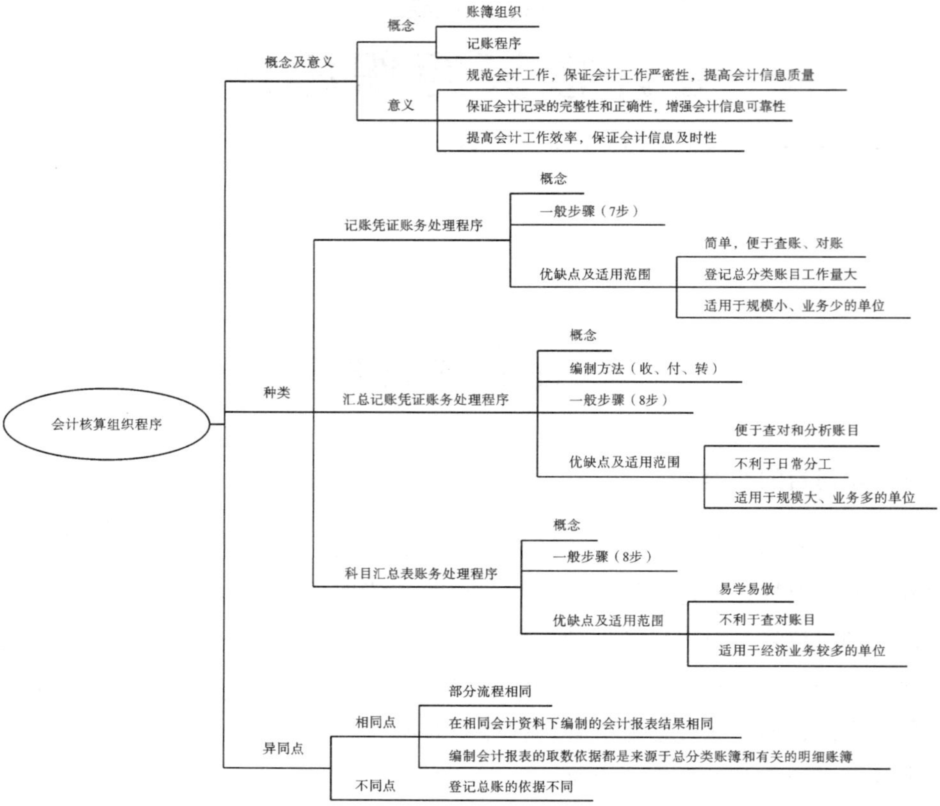

图8－1　会计核算组织程序思维导图

三、学习方法

由于会计凭证、账簿的种类、格式、程序不同，尤其是登记总分类账簿的程序不同，形成了不同的会计核算组织程序。选择适当的会计核算组织程序，对于科学地组织本单位的会计核算工作具有重要意义。在本章的学习中，应注意把握以下几个环节：

（1）建立不同账务处理流程方法体系的基本框架图。通过流程图可以清楚地了解在不同账务处理程序下各种账务处理的流程与方法。由于在前面各章中，我们只针对会计业务的具体核算方法进行了介绍，对账务处理程序没有作出详细的介绍，因此在本章的学习中，应当建立不同账务处理流程方法体系的基本框架图示，才能真正了解企业核算程序与方法。

（2）注意区别不同账务处理程序的特点，包括凭证的使用、记账的依据、记账程序的基本流程等。因为有区别才有鉴别，只有掌握不同的特点，才能进一步深入了解各种账务处理程序的实质。

（3）紧紧抓住记账凭证账务处理程序这种基本方法，因为该种方法是基础，只有掌握了基础才能举一反三，进一步演化其他方法。

（4）了解总记账凭证的汇总方法，如科目汇总表、汇总记账凭证等的汇总方法，以及为便于汇总对记账凭证的编制要求等。

（5）了解不同企业对账务处理程序的选择因素。如经济活动的特点、企业规模的大小、经济业务的繁简等对方法选择的影响。

四、应掌握的主要内容

（1）基本概念

会计核算组织程序　科目汇总表　汇总收款凭证　汇总付款凭证　汇总转账凭证　记账凭证账务处理程序　科目汇总表账务处理程序　汇总记账凭证账务处理程序　日记总账账务处理程序　多栏式日记账账务处理程序

（2）建立不同账务处理流程方法体系的基本框架图示

（3）注意区别不同账务处理程序的特点

第二部分　练习题、自测题及参考答案

练习题

一、单项选择题

1. 下列各种核算程序中哪一种是会计核算中最基本的核算程序？（　　）。

A. 记账凭证核算程序　　B. 科目汇总表核算程序
C. 汇总记账凭证核算程序　　D. 多栏式日记账核算程序

2. 下列各种核算程序中，哪一种是直接根据记账凭证逐笔登记总分类账的？（　　）。

A. 记账凭证核算程序　　B. 科目汇总表核算程序
C. 汇总记账凭证核算程序　　D. 多栏式日记账核算程序

3. 在汇总记账凭证核算程序下，总账是根据（　　）登记的。

A. 记账凭证　　B. 科目汇总表
C. 汇总记账凭证　　D. 日记账

4. 在科目汇总表核算形式下，为了便于汇总，对记账凭证最好采用（　　）。

A. 汇总记账凭证　　B. 科目汇总表
C. 单式记账凭证　　D. 收、付、转记账凭证

5. 下列各项中属于各种账务处理程序中主要区别的是（　　）。

A. 总账的格式不同　　B. 登记总账的依据不同

C. 会计凭证的种类不同　　D. 编制会计报表的依据不同

6. 在科目汇总表总账务处理程序下，一般应采用的记账凭证是（　　）。

A. 一借多贷　　B. 多借多贷

C. 一借一贷　　D. 一贷多借

7. 下列各项中，属于科目汇总表汇总范围的是（　　）。

A. 全部科目的借方余额　　B. 全部科目的贷方余额

C. 全部科目的借贷方发生额　　D. 部分科目的借贷方发生额

8. 下列各项中，属于汇总记账凭证账务处理程序适用范围的是（　　）。

A. 规模较大、经济业务较多　　B. 规模较小、经济业务较多

C. 规模较大、经济业务较少　　D. 规模较小、经济业务较少

二、多项选择题

1. 科目汇总表核算程序与汇总记账凭证核算程序的主要相同点是（　　）。

A. 汇总凭证的格式不同

B. 登记总账的依据不同

C. 记账凭证的汇总方法相同

D. 记账凭证需要汇总以及记账步骤相同

E. 减轻了登记总账的工作量

2. 各种会计核算程序有许多共同点，又各有其特点，其主要区别在于（　　）。

A. 编制的会计凭证不同　　B. 记账的程序不同

C. 账簿组织不同　　D. 登记总账的依据不同

E. 编制报表的方法不同

3. 业务比较多的企业，一般适用的核算程序是（　　）。

A. 记账凭证核算程序　　B. 科目汇总表核算程序

C. 汇总记账凭证核算程序　　D. 多栏式日记账核算程序

E. 日记总账核算程序

4. 下列各项中，构成各种账务处理程序相同点的是（　　）。

A. 根据原始凭证编制汇总原始凭证

B. 根据原始凭证及记账凭证登记明细分类账

C. 根据收、付凭证登记现金日记账

D. 月末将总账与明细账、日记账进行核对

E. 根据总账和明细账编制会计报表

5. 下列各项中，以记账凭证为依据，按照有关科目的贷方设置，按借方科目归类的有（　　）。

A. 汇总收款凭证　　B. 汇总转账凭证

C. 汇总付款凭证　　D. 科目汇总表

E. 转账凭证

6. 汇总记账凭证账务处理程序下，总分类账的登记依据是（　　）。

A. 汇总收款凭证　　B. 汇总付款凭证

C. 汇总转账凭证　　D. 转账凭证

E. 收款凭证

三、判断题

1. 各种核算程序的根本区别在于记账程序的不同。（　　）
2. 记账凭证核算程序是最基本的核算程序，所以它适用于任何类型的企业。（　　）
3. 汇总记账凭证核算程序登记明细账的依据依然是未汇总的记账凭证。（　　）
4. 多栏式日记账核算程序的优点是能简化日记账的登记工作。（　　）
5. 科目汇总表应按月汇总编制，即每月填制一张。（　　）

四、案例分析题

A 与 B、C、D 等几个朋友于 2011 年创办了一个公司，主要从事批发零售业务。A 一直主管财务与会计工作，B 任财务经理，在会计核算上 B 一直采用科目汇总表核算形式。从 2018 年开始改用电子计算机记账，财务部经理 B 准备采用日记总账核算形式，并书面报告给 A，但 A 不同意，认为计算机记账已完全能够完成此项工作。你认为如何？请谈谈你的看法。

自测题

（一）目的：熟悉和掌握不同账务处理程序下登记总账的依据和方法。

（二）要求：

1. 根据资料（1）～（15）项经济业务编制会计分录；
2. 根据编制的会计分录编制科目汇总表，根据科目汇总表登记总账；
3. 根据编制的会计分录编制汇总记账凭证，根据汇总记账凭证登记总账。

（三）资料：

（1）收到投资者投入现金 100 万元，投入固定资产价值 3 万元。

（2）以银行存款 2 万元购入一台新机器。

（3）销售商品一批，售价 200 万元，货款已收回，商品成本 120 万元。

（4）向银行取得短期借款 5 万元，偿还上月欠光华工厂购料款。

（5）收到先锋厂上月所欠货款 8 万元，已存入银行。

（6）销售商品一批，售价 150 万元，货款未收到，商品成本 100 万元。

（7）从银行提取现金 0. 1 万元备用。

（8）以银行存款 1 万元购进甲材料一批。

（9）销售商品一批，售价 200 万元，原已预收货款 50 万元，其余货款已收回，商品成本130万元。

（10）购进材料一批，价值2.5万元，货款未付。

（11）业务员张山出差借支差旅费0.3万元，开出现金支票一张。

（12）支付本季度银行借款利息1万元。

（13）以银行存款7万元偿还短期借款。

（14）以银行存款5万元支付管理费，本月管理部门计提折旧1.5万元；生产部门计提折旧2万元。

（15）本月生产产品领用材料，价值3万元。

练习题参考答案

一、单项选择题

1. A　2. A　3. C　4. C　5. B　6. C　7. C　8. A

二、多项选择题

1. CDE　2. ABCD　3. BCD　4. BCDE　5. BC　6. ABC

三、判断题

1. ×　2. ×　3. √　4. ×　5. ×

四、案例分析题

如果该公司规模不大，业务也比较简单，使用的会计科目不多，也可采用日记总账核算形式，因为日记总账核算形式把日记账和分类账结合在一起，使记账手续简化，并便于检查记账的正确性，为编制会计报表提供了便利条件。但如果采用计算机记账，建议采用汇总记账凭证核算形式，它更适用于计算机操作。

自测题答案

根据资料（1）～（15）编制会计分录（为了便于汇总，全部编成一借一贷的会计分录）：

（1）借：银行存款	1 000 000	
贷：实收资本		1 000 000
借：固定资产	30 000	
贷：实收资本		30 000
（2）借：固定资产	20 000	
贷：银行存款		20 000
（3）借：银行存款	2 000 000	
贷：主营业务收入		2 000 000
借：主营业务成本	1 200 000	
贷：库存商品		1 200 000
（4）借：应付账款——光化工厂	50 000	

贷：短期借款		50 000
（5）借：银行存款	80 000	
贷：应收账款		80 000
（6）借：应收账款	1 500 000	
贷：主营业务收入		1 500 000
借：主营业务成本	1 000 000	
贷：库存商品		1 000 000
（7）借：库存现金	1 000	
贷：银行存款		1 000
（8）借：原材料——甲材料	10 000	
贷：银行存款		10 000
（9）借：预收账款	500 000	
贷：主营业务收入		500 000
借：银行存款	1 500 000	
贷：主营业务收入		1 500 000
借：主营业务成本	1 300 000	
贷：库存商品		1 300 000
（10）借：原材料	25 000	
贷：应付账款		25 000
（11）借：其他应收款——张山	3 000	
贷：银行存款		3 000
（12）借：财务费用	10 000	
贷：银行存款		10 000
（13）借：短期借款	70 000	
贷：银行存款		70 000
（14）借：管理费用	50 000	
贷：银行存款		50 000
借：管理费用	15 000	
贷：累计折旧		15 000
借：制造费用	20 000	
贷：累计折旧		20 000
（15）借：生产成本	30 000	
贷：原材料		30 000

其他答案略。

第九章
会计组织工作

第一部分　学习指导

一、学习目的和要求

通过本章的学习，要求掌握会计工作规范体系和会计组织的基本内容。本章的基本要求是：

（1）了解会计规范体系的内容；

（2）了解会计档案的含义及其保管措施；

（3）掌握会计工作组织的内容；

（4）掌握会计人员的责任和权限；

（5）掌握会计职业道德的含义及其特征。

二、本章主要内容导图（图9-1）

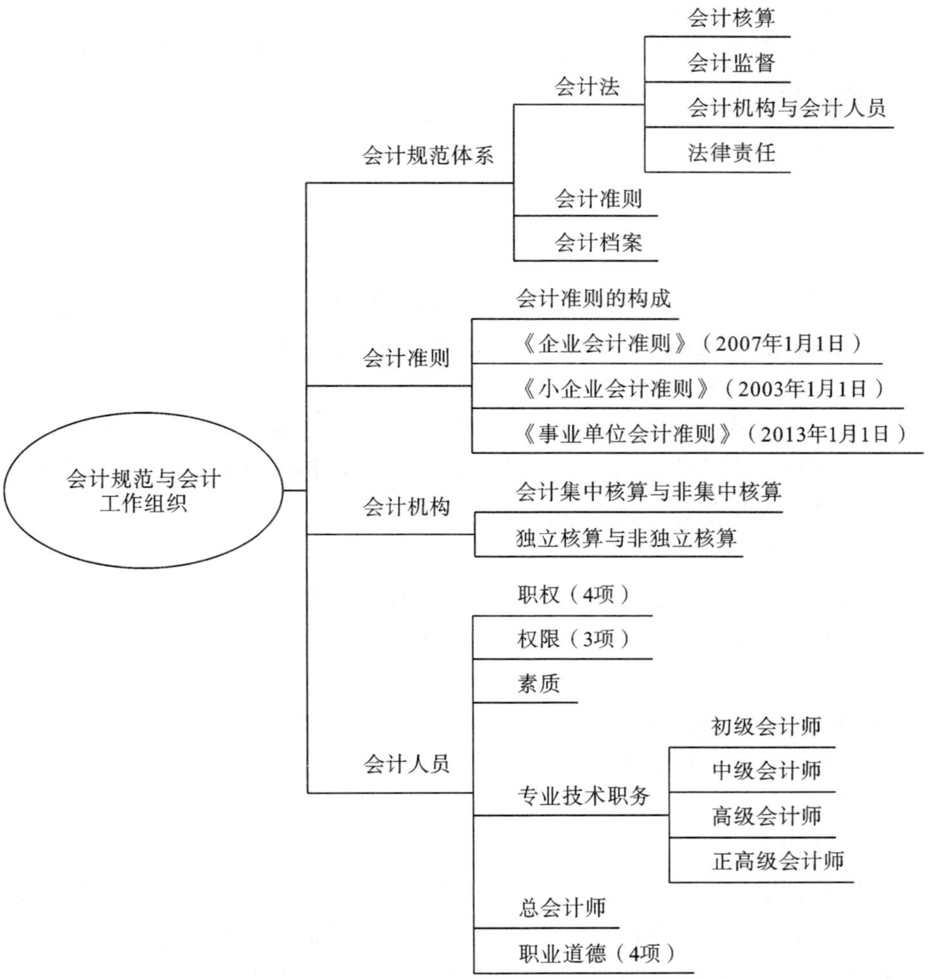

图9-1 会计规范与会计工作组织

三、学习方法

要使会计能提供真实、可靠的管理资料，除了采用一定技术方法外，还应做好会计的组织管理工作，要有专门的机构和较高素质的会计人员以及一系列监督保证的会计法律法规等的相互作用。在本章的学习中，应注意从以下几个方面着手：

（1）对于会计规范体系，应区分《中华人民共和国会计法》、会计准则和会计制度之间的关系及使用条件，注意掌握会计档案的归档保管和销毁手续，了解会计档案的管理工作，为进行会计工作实践奠定理论基础。

（2）了解会计机构的设置及各类会计机构的主要任务。在学习中，应注意掌握会计工作的组织形式，能区分不同核算方法的适用条件。

（3）明确会计人员的职责和权限，了解会计专业技术资格考试制度的内容。通过本章的学习，为今后继续学习打下基础。

（4）掌握会计职业道德的内容。会计职业道德是会计人员在会计工作中应遵守的道德准绳，是本章学习的重点。

三、应掌握的内容

（一）会计规范体系

1. 会计工作规范及其内容

会计规范体系是由各种相互联系、相互制约的会计法规所构成的有机整体。可按会计规范内容的表现形式、适用范围以及性质不同进行分类。

2.《中华人民共和国会计法》

修订后的《中华人民共和国会计法》共七章五十二条，主要内容包括以下几个方面：总则部分，会计核算部分，公司、企业会计核算的特别规定，会计监督部分，会计机构和会计人员部分，法律责任部分。

3. 会计准则

会计准则是会计确认、计量、记录和报告所依据的标准和规则，是处理会计工作的规范，是企业制定会计制度的依据以及评价会计信息质量的标准。

4. 会计制度

会计制度是根据会计法和会计准则的要求进行会计工作所应遵循的规则、方法和程序等。我国预算会计制度包括财政总预算会计制度、行政单位会计制度和事业单位会计制度。

5. 会计档案

会计档案是指会计凭证、会计账簿和会计报表等会计核算专业资料，它是记录、反映经济业务的重要史料和证据。会计凭证、账簿、报表应由财会部门按照归档的要求，负责整理立卷或装订成册。当年的会计档案，在会计年度终了后，可由本单位财务会计部门暂为保管一年，以便查阅。期满后，原则上应由财会部门编造清册移交本单位的档案部门保管。

（二）会计机构

1. 会计机构的设置

国务院和地方各级业务部门一般都设置财务会计管理司、处、科。企业单位的会计机构一般都设置财务会计处、科、股等。

2. 企业会计工作的组织形式

企业会计工作的组织形式，按照部门之间会计工作分工方式的不同，可以分为集中核算和非集中核算两种；按照企业与所属内部单位间管理体制不同，又可分为独立核算和非独立核算两种。

（三）会计人员

1．会计人员的责任和权限

会计人员的职责包括：①进行会计核算；②实行会计监督；③拟定本单位办理会计业务的具体办法；④参与拟定本单位的经济计划、业务计划，考核、分析预算、财务计划的执行情况。

2．会计人员的专业技术职务

会计人员的专业技术职务通常分为会计员、助理会计师、会计师和高级会计师四个档次。其中，高级会计师为高级职务，会计师为中级职务，助理会计师、会计人员为初级职务。

（四）会计职业道德

1．会计职业道德的含义及特征

会计职业道德，就是会计职业生活中所应遵循的且具有会计职业自身特征的道德原则和规范的总和。

会计职业道德的特征是具有一定的强制性，较多关注公众利益。

2．不同会计人员的职业道德

会计主管：在任何时候都以诚实和正直的态度处理企业和个人的事务；以客观的态度向企业管理人员、股东、职工、政府及其他机构和公众报告完整、恰当和相关的会计信息；遵守国家的各种法规、制度；未经授权或根据法律和法规的规定，不得透露在工作中取得的秘密；通过各种方式，掌握新的知识和技能，能保持良好的专业能力。

一般企业会计人员：爱岗敬业、诚实守信、廉洁自律、客观公正、坚持准则、提高技能、参与管理、强化服务。

注册会计师：注册会计师通常是以第三者的身份，接受委托人的委托，对企业所提供的财务会计报告进行审计，并出具审计意见，以保证企业对外披露的会计信息客观、真实、可信。根据《中国注册会计师职业道德基本准则》，有关内容包括独立原则、客观原则、公正原则、廉洁原则。

第二部分　练习题、自测题及参考答案

练习题

一、单项选择题

1．以下法规中，哪项是会计工作最高层次的规范？（　　）。

A．《会计法》　　B．会计行政法规

C．会计制度　　D．会计准则

2．根据我国《会计法》的规定，除财政部门外，其他部门也可以对本单位的会计资料实施监督，下列各部门中不能行使该项权利的是（　　）。

A. 中国银行　　B. 审计部门

C. 税务部门　　D. 保险监管部门

3. 各级财政部门销毁会计档案时，由（　　）派员参加监销。

A. 单位档案部门　　B. 上级审计部门

C. 单位会计部门　　D. 同级审计部门

4. 根据《会计档案管理办法》的规定，会计档案的保管期限分为定期和永久两类，下列会计档案需要永久保存的是（　　）。

A. 会计移交清册　　B. 会计档案销毁清册

C. 原始凭证　　D. 总账

5. 根据我国《会计法》的规定，全民所有制大、中型企业必须设置总会计师，总会计师的职责、权限由（　　）。

A. 国务院财政部门规定　　B. 国务院规定

C. 国务院监察部门规定　　D. 企业自己规定

6. 会计人员参与企业管理主要体现在（　　）。

A. 做好记账、算账和报账工作

B. 公私分明，不贪不占

C. 一切按领导的要求去办

D. 向领导反映经营管理活动中的情况和存在的问题

7. 在会计职业中，以下哪项是会计人员必须具备的行为品德、是会计职业道德规范的灵魂（　　）。

A. 客观公正　　B. 提高技能

C. 参与管理　　D. 诚实守信

二、多项选择题

1. 根据《会计档案管理办法》的规定，会计档案的保管期限分为（　　）。

A. 5 年　　B. 10 年

C. 20 年　　D. 30 年

E. 永久

2. 根据《会计档案管理办法》的规定，会计档案的保管期限分为定期和永久两类，下列会计档案需要永久保存的是（　　）。

A. 会计档案保管清册　　B. 总账

C. 会计档案销毁清册　　D. 明细账

E. 对账单

3. 会计职业道德中提倡的爱岗敬业的基本要求包括（　　）。

A. 热爱会计工作　　B. 安心本职工作，任劳任怨

C. 忠于职守，尽职尽责　　D. 保持会计人员从业的独立性

E. 参与管理

4. 下列各项中，不属于会计岗位的有（　　）。

A. 药品库房记账员从事的工作　　B. 单位内部审计工作

C. 商场收款（银）员所从事的工作　D. 住院处收费员所从事的工作

E. 单位出纳从事的工作

三、判断题

1. 按会计规范内容的表现形式不同，会计规范体系包括会计法律、会计行政法规、会计地方法规和会计制度。（　　）

2. 会计档案保管期满后，需要销毁，包括其中未了结的债权债务的原始凭证以及建设单位在建设期间的会计档案。（　　）

3. 违反了会计职业道德也就违反了会计法律制度；违反了会计法律制度也就违反了会计职业道德。（　　）

4. 会计职业道德的检查考核部门是财政部门、业务主管部门和各个会计主体单位。会计人员违反职业道德，由所在单位进行处罚，情节严重的，由会计证发证机关吊销其会计证。（　　）

四、问答题

1. 简要说明我国会计法律体系的构成。

2. 什么是会计档案？

3. 如何理解会计职业道德和会计法律制度的关系？

五、案例分析

2018 年 1 月 5 日，某国有企业厂长要求本单位出纳员季兰将收到的下脚料销售款 8 000 元另行存放，不入账。季兰没有按照厂长的要求执行。他要求会计部门负责人李强召开会议予以整顿。会上，李强说，《会计法》中规定了单位负责人对本单位会计信息的真实性负责，作为会计人员应服从领导安排，领导让干啥就干啥。

4 月份，厂长召开办公会，以季兰不适合会计工作为由，将季兰调出会计部门，安排到企业机修车间当工人。

要求：根据上述资料，按照我国会计职业道德规范要求和有关会计法律制度的规定，回答下列问题：

（1）出纳员季兰的做法以及会计部门负责人李强的说法是否符合会计职业道德的要求？说明理由。

（2）该企业厂长的做法是否违反了有关会计法律的规定？如违反，请指出具体违反什么规定以及应如何处理。

自测题

一、单项选择题

1. 我国现行《会计法》于（　　）由第十二届全国人大常委会会议修订通过。

A. 1985 年 1 月 21 日　　B. 1993 年 12 月 29 日
C. 1999 年 10 月 31 日　　D. 2017 年 11 月 4 日

2. 下列哪种单位必须设置总会计师一职？（　　）

A. 政府业务主管部门　　B. 私营大型企业
C. 国有大、中型企业　　D. 股份有限公司

3. 会计职业道德除具有职业道德的一般特征外，还具有一定的强制性和（　　）特征。

A. 复杂性　　B. 较多关注公众利益
C. 教育性　　D. 独立性

4. 某公司资金紧张，需向银行贷款 500 万元。公司经理请返聘的张会计对公司提供给银行的会计报表进行技术处理。张会计很清楚公司目前的财务状况和偿债能力，做这种技术处理是很危险的，但在经理的反复开导下，张会计感恩于经理平时对自己的照顾，于是编制了一份经过技术处理后的会计报告，公司获得了银行贷款。下列对张会计行为的认定中正确的是（　　）。

A. 张会计违反了爱岗敬业、客观公正的会计职业道德要求
B. 张会计违反了参与管理、坚持准则的会计职业道德要求
C. 张会计违反了客观公正、坚持准则的会计职业道德要求
D. 张会计违反了强化服务、客观公正的会计职业道德要求

二、多项选择题

1. 下列各项中属于会计档案的有（　　）。

A. 原始凭证　　B. 记账凭证
C. 会计账簿　　D. 财务会计报告
E. 企业发展战略计划

2. 下列各项中属于会计岗位的有（　　）。

A. 工资核算岗位　　B. 资金核算岗位
C. 计划管理岗位　　D. 会计档案管理岗位
E. 材料收发岗位

3. 下列哪些会计档案其保管期满时不得销毁？（　　）

A. 未结清的债权原始凭证　　B. 未结清的债务原始凭证
C. 正在项目建设期间的建设单位　　D. 其他未了事项的原始凭证
E. 已完成的月度财务报告

三、判断题

1. 会计职业道德规范中的“坚持准则”，不仅指会计准则，而且包括会计法律、国家统一的会计制度以及会计工作相关的法律制度。（　　）

2. 会计行政法规，是指会计法律制度中层次最高的法律规范，是制定其他会计法规的依据。（　　）

3. 会计职业道德与会计法律制度一样，都是以国家强制力作为实施的保障。（ ）

四、问答题

1. 会计档案的销毁手续包括哪些规定?

2. 如何理解会计组织形式中的独立核算与非独立核算?

五、案例分析题

兴发有限责任公司是一家中外合资经营企业，2018 年度发生了以下事项：

(1) 1 月 21 日，公司接到市财政局通知，市财政局将要来公司检查会计工作情况。公司董事长兼总经理胡某认为，公司作为中外合资经营企业，不应受《会计法》的约束，财政部门无权来检查。

(2) 6 月 30 日，公司有一批保管期满的会计档案，按规定需要进行销毁。公司档案管理部门编制了会计档案销毁清册，档案管理部门的负责人在会计档案销毁清册上签了字，并于当天销毁。

要求：根据上述情况和会计法律制度的有关规定，回答下列问题：

(1) 公司董事长兼总经理胡某认为中外合资经营企业不受《会计法》的约束的观点是否正确?

(2) 该公司销毁会计档案的做法是否符合法律规定？为什么?

练习题参考答案

一、单项选择题

1. A　2. A　3. D　4. B　5. B　6. D　7. A

二、多项选择题

1. BDE　2. AC　3. ABC　4. ABCDE

三、判断题

1. √　2. ×　3. ×　4. √

四、问答题（略）

五、案例分析题（略）

自测题参考答案

一、单项选择题

1. D　2. C　3. B　4. C

二、多项选择题

1. ABCD　2. ABD　3. ABCD

三、判断题

1. √　2. ×　3. ×

四、问答题（略）

五、案例分析

提示：

（1）中外合资企业无权拒绝财政部门对其会计工作的监督检查。

根据我国会计法律制度的规定，县级以上人民政府财政部门为各单位会计工作的监督检查部门，对各单位会计工作行使监督权。

（2）公司档案管理部门销毁会计档案的做法不符合会计法律法规制度规定。根据我国法律制度的规定，会计档案保管期满需要销毁的，要由本单位档案部门提出意见，会同本单位会计部门共同进行审查和鉴定，编制会计档案销毁清单，并由单位负责人在会计档案销毁清册上签字，销毁时要由单位档案管理部门和会计部门共同派人监销。